全国中等职业学校
课程改革规划新教材

Yuwen

语 文

（交通运输职业模块）

主　编　陈建蓉

副主编　李　佳

主　审　王永莲

人民交通出版社股份有限公司
China Communications Press Co.,Ltd.

内 容 提 要

本书是全国中等职业学校课程改革规划新教材之一。其主要内容包括择业与理想、敬业与乐业、创新与发展、精神与灵魂和科技与人文五个单元。

本书可作为中等职业学校学生的基础课教材,也可供相关教师及学生参考使用。

图书在版编目(CIP)数据

语文:交通运输职业模块/陈建蓉主编.—北京:
人民交通出版社股份有限公司,2017.12
全国中等职业学校课程改革规划新教材
ISBN 978-7-114-14394-6

Ⅰ.①语… Ⅱ.①陈… Ⅲ.①语文课—中等专业学校—教材 Ⅳ.①G634.301

中国版本图书馆 CIP 数据核字(2017)第 304806 号

全国中等职业学校课程改革规划新教材

| 书　　名：语文(交通运输职业模块)
| 著　作　者：陈建蓉
| 责任编辑：戴慧莉
| 出版发行：人民交通出版社股份有限公司
| 地　　址：(100011)北京市朝阳区安定门外外馆斜街 3 号
| 网　　址：http://www.ccpress.com.cn
| 销售电话：(010)59757973
| 总　经　销：人民交通出版社股份有限公司发行部
| 经　　销：各地新华书店
| 印　　刷：北京市密东印刷有限公司
| 开　　本：787×1092　1/16
| 印　　张：9
| 字　　数：171 千
| 版　　次：2017 年 12 月　第 1 版
| 印　　次：2018 年 5 月　第 2 次印刷
| 书　　号：ISBN 978-7-114-14394-6
| 定　　价：24.00 元

(有印刷、装订质量问题的图书由本公司负责调换)

前 言

本教材依据《中等职业学校语文教学大纲》编写,是中等职业学校交通运输类专业通用教材,侧重于"服务学生专业学习"。本书更着力于培养学生的语文综合能力及其在职场中的应用能力,以培养阅读能力、口语表达能力、应用文写作能力为切入点架构教材内容。

本书包括择业与理想、敬业与乐业、创新与发展、精神与灵魂和科技与人文五个单元,每个单元都由阅读与欣赏、表达与交流以及语文综合实践活动三部分组成。教材从整体感知、文章理解、信息收集和信息筛选与利用等方面,安排了每个单元的学习与训练重点,通过口语交际、写作、语文综合实践活动的相关训练,提高学生的语文实际应用能力。

阅读与欣赏部分课文分必读、选读(*)和自读(**)。

本教材是在《语文(基础模块)》学习的基础上,为了适应学生学习相关专业的需要而限定选修的内容,教师可以根据实际情况进行选择和安排教学,教学时数为 32～36 学时。

本教材侧重选取体现职业特点的文章,注重时代性。语文综合实践活动的设计注意了情境性、实用性以及交通运输专业对中职生语文素养的需求。内容符合中职生年龄特点和兴趣爱好,适应当前中等职业学校教学需要。

"阅读与欣赏"围绕"择业与理想""敬业与乐业""创新与发展""精神与灵魂""科技与人文"五个主题来选择文章。为了让学生领会作品中体现的科学精神和人文精神,进一步了解经济社会发展和科学技术进步对高素质劳动者的全面要求,增强学习知识和掌握技能的积极性、主动性,我们选取了更彰显职业特色的文章,培养学生健康的职业情感和良好的职业道德。学生通过阅读学习与专业相关的各类文章,学会对文章中的重要信息进行筛选、整理,获得所需要的资料。

"表达与交流"包括"口语交际"和"应用文写作"。学生通过学习"口语交际",应掌握介绍、接待、洽谈协商、电话礼仪、应聘等口语交际的方法和技能,并做到态度真诚,仪态大方,符合职业岗位的要求;通过学习"应用文写作",应掌握报告、请示、总结、策划书、求职信的写法,并做到规范、得体,符合职业岗位的要求。

"语文综合实践活动"从相关职业的实际需要出发,选取活动内容,设计活动项目,模拟职业情境,组织语文综合实践活动。在活动中提高语文应用能力,增强合作意识和团队精神。

本教材由四川交通运输职业学校陈建蓉担任主编,李佳担任副主编,王永莲担任主审。教材编写人员及分工如下:蒋萍编写第一单元、黄惠编写第二单元、王晨编写第三单元、梁浩编写第四单元、李佳编写第五单元。全书由陈建蓉确定教材编写思路并搭建整体框架,王永莲、陈建蓉、李佳审核并统一修改,完善内容。在编写过程中,参编人员通过报刊、书籍、网络等方式查阅了大量的文献资料,在此,我们向这些文献的作者表示诚挚的谢意。

由于编写时间仓促,编者自身水平所限,教材肯定存在不足之处,敬请读者提出宝贵意见。

编 者
2017 年 5 月

目 录

第一单元　择业与理想 ... 1
阅读与欣赏 ... 2
　　人的高贵在于灵魂 ... 2
　　青年在选择职业时的考虑 ... 5
　　*牛顿上大学的第一天 ... 10
　　**只摘够得着的苹果 ... 14
表达与交流 ... 17
　　口语交际——介绍 ... 17
　　应用文——报告 ... 19
语文综合实践活动 ... 22
　　产品推介会 ... 22

第二单元　敬业与乐业 ... 23
阅读与欣赏 ... 24
　　邓稼先 ... 24
　　虹桥卧波　心载长龙 ... 29
　　*邮差弗雷德 ... 34
　　**雀儿山的守望者 ... 38
表达与交流 ... 43
　　口语交际——接待 ... 43
　　应用文——请示 ... 46
语文综合实践活动 ... 49
　　接待客户 ... 49

第三单元　创新与发展 ... 51
阅读与欣赏 ... 52
　　百年时尚话汽车 ... 52

你好，请松开方向盘 …………………………………………… 57
　　　*走向未知的世界 …………………………………………… 60
　　　**虚拟or现实 ……………………………………………… 63
　表达与交流 ……………………………………………………… 66
　　　口语交际——洽谈、协商 …………………………………… 66
　　　应用文——总结 ……………………………………………… 72
　语文综合实践活动 ……………………………………………… 79
　　　商务洽谈 ……………………………………………………… 79

第四单元　精神与灵魂 …………………………………………… 81
　阅读与欣赏 ……………………………………………………… 82
　　　任正非：狼性文化和乌龟精神 ……………………………… 82
　　　变形未来 ……………………………………………………… 87
　　　*顾客至上 …………………………………………………… 90
　　　**我眼里的海尔和张瑞敏 …………………………………… 93
　表达与交流 ……………………………………………………… 98
　　　口语交际——电话礼仪 ……………………………………… 98
　　　应用文——策划书 ………………………………………… 101
　语文综合实践活动 …………………………………………… 107
　　　创业策划方案 ……………………………………………… 107

第五单元　科技与人文 ………………………………………… 109
　阅读与欣赏 …………………………………………………… 110
　　　声讯时代为什么要重读经典 ……………………………… 110
　　　移动的倾诉 ………………………………………………… 114
　　　*桥之美 …………………………………………………… 120
　　　**城市的文物与文化 ……………………………………… 123
　表达与交流 …………………………………………………… 127
　　　口语交际——应聘 ………………………………………… 127
　　　应用文——求职信 ………………………………………… 131
　语文综合实践活动 …………………………………………… 135
　　　求职应聘会 ………………………………………………… 135

参考文献 ……………………………………………………… 136

第一单元　择业与理想

单元导语

　　本单元"阅读与欣赏"部分主要学习关于择业与理想的一组文章。理想是对未来的向往与追求,是人生奋斗的目标。职业理想是人们在职业生涯中的奋斗目标,是通过职业活动来实现的。中职学生只有树立正确的择业观,才能明确奋斗的目标和努力的方向,才能在职业生涯中有所作为。

　　《人的高贵在于灵魂》一文是站在哲学家的思考角度,探索现代人精神生活中的普遍困惑,告诉我们珍惜内在的精神财富甚于外在的物质财富,揭示了理想应该伴随人的一生的道理;《青年在选择职业时的考虑》是马克思上高中时写的一篇论文。

　　他以缜密的思考、严谨的推理,提出青年人在选择职业时应遵循的原则,对当代青年学生择业仍有积极的指导意义;《牛顿上大学的第一天》一文,通过名人的亲身经历,解读少年牛顿这个人物形象,让人从中获得人生启迪;《只摘够得着的苹果》一文讲的是普通人应该树立切合实际的理想,这是比较符合中职学生择业现状的。

　　本单元"表达与交流"的"口语交际"部分的教学内容是"介绍","应用文"部分的教学内容则安排了"报告"。

　　本单元安排的语文综合实践活动是"产品推介——新能源汽车介绍",围绕以后的专业工作实践来展开,重点在于培养团队合作能力。

人的高贵在于灵魂

周国平❶

课文读导

　　这是一篇哲理文章。周国平的散文擅长用文学的形式谈哲学。在阅读过程中,通过整体感知课文,掌握阅读议论文的一般方法,找出课文里举出的事例,分析作者是如何选择事例来论证自己的观点的。

　　联系实际,深入理解作者"人的高贵在于灵魂"的观点,并保持纯正的精神追求。

　　法国思想家帕斯卡❷有一句名言:"人是一支有思想的芦苇。"他的意思是说,人的生命像芦苇一样脆弱,宇宙间任何东西都能置人于死地。可是,即使如此,人依然比宇宙间任何东西高贵得多,因为人有一个能思想的灵魂。我们当然不能也不该否认肉身生活的必要,但是,人的高贵却在于他有灵魂生活。作为肉身的人,人并无高低贵贱之分。唯有作为灵魂的人,由于内心世界的巨大差异,人才分出了高贵和平庸,乃至高尚和卑鄙。

　　两千多年前,罗马军队攻进了希腊的一座城市,他们发现一个老人正蹲在沙地上专心研究一个图形。他就是古代最著名的物理学家阿基米德❸。他很快便死在了罗马人的剑下,当剑朝他劈来时,他只说了一句话:"不要踩坏我的圆!"在他看来,他画在地上的那个图形是比他的生命更加宝贵的。更早的时候,征服了欧亚大陆的亚历山大大帝视察希腊的另一座城市,遇到正躺在地上晒太阳的哲学家第欧根尼❹,便问他:"我能替你做些什么?"得到的回答是:"不要挡住我的阳光!"在他看来,面对他在阳光下的沉

---

❶　[周国平]当代学者、散文家,1945 年 7 月 25 日出生于上海市,中共党员;1968 年毕业于北京大学哲学系,1978 年入学于中国社会科学院哲学系,著有多篇著作。

❷　[布莱士·帕斯卡](Blaise Pascal)公元 1623 年 6 月 19 日出生于多姆山省奥弗涅地区的克莱蒙费朗,法国数学家、物理学家、哲学家、散文家。

❸　[阿基米德](公元前 287 年—公元前 212 年),伟大的古希腊哲学家、百科式科学家、数学家、物理学家、力学家,静态力学和流体静力学的奠基人,并且享有"力学之父"的美称。阿基米德和高斯、牛顿并列为世界三大数学家。

❹　[第欧根尼](英文 Diogenēs,约公元前 412—前 324)古希腊哲学家,出生于一个银行家家庭,犬儒学派的代表人物,活跃于公元前 4 世纪,生于锡诺帕(Sinopeus,现属土耳其),卒于科林斯。

思,亚历山大大帝的赫赫❶战功显得无足轻重。这两则传为千古美谈的小故事表明了古希腊优秀人物对于灵魂生活的珍爱,他们爱思想胜于爱一切,包括自己的生命,把灵魂生活看得比任何外在的事物包括显赫的权势更加高贵。

珍惜内在的精神财富甚于外在的物质财富,这是古往今来一切贤哲❷的共同特点。英国作家王尔德❸到美国旅行,入境时,海关官员问他有什么东西要报关,他回答:"除了我的才华,什么也没有。"使他引以为自豪的是,他没有什么值钱的东西,但他拥有不能用钱来估量的艺术才华。正是这位骄傲的作家在他的一部作品中告诉我们:"世间再没有比人的灵魂更宝贵的东西,任何东西都不能跟它相比。"

其实,无需举这些名人的事例,我们不妨稍微留心观察周围的现象。我常常发现,在平庸❹的背景下,哪怕是一点不起眼的灵魂生活的迹象,也会闪放出一种很动人的光彩。

有一回,我乘车旅行。列车飞驰,车厢里乱哄哄的,旅客们在聊天、打牌、吃零食。一个少女躲在车厢的一角,全神贯注地读着一本书。她读得那么专心,还不时地往随身携带的一个小本子上记些什么,好像完全没有听见周围嘈杂的人声。望着她仿佛沐浴在一片光辉中的安静的侧影,我心中充满感动,想起了自己的少年时代。那时候我也和她一样,不管置身于多么混乱的环境,只要拿起一本好书,就会忘记一切。如今我自己已经是一个作家,出过好几本书了,可是我却羡慕这个埋头读书的少女,无限缅怀❺已经渐渐远逝的有着同样纯正追求的我的青春岁月。

每当北京举办世界名画展览时,便有许多默默无闻的青年画家节衣缩食,自筹旅费,从全国各地风尘仆仆来到首都,在名画前流连忘返。我站在展厅里,望着这一张张热忱仰望的年轻的面孔,心中也会充满感动。我对自己说,有着纯正追求的青春岁月的确是人生最美好的岁月。

若干年过去了,我还会常常不由自主地想起列车上的那个少女和展厅里的那些青年,揣摩他们现在不知怎样了。据我观察,人在年轻时多半是富于理想的,随着年龄增长就容易变

---

❶ [赫赫(hè)] 显著盛大的样子。
❷ [贤哲] 贤明的人。
❸ [王尔德] (Oscar Wilde,1854—1900),19 世纪英国最伟大的作家与艺术家之一,以其剧作、诗歌、童话和小说闻名。唯美主义代表人物,19 世纪 80 年代美学运动的主力和 90 年代颓废派运动的先驱。
❹ [平庸(yōng)] 寻常而不突出。
❺ [缅(miǎn)怀] 追想(以往的事迹)。

得越来越实际。由于生存斗争的压力和物质利益的诱惑,大家都把眼光和精力投向外部世界,不再关注自己的内心世界。其结果是灵魂日益萎缩❶和空虚,只剩下了一个在世界上忙碌不止的躯体。对于一个人来说,没有比这更可悲的事情了。我暗暗祝愿他们仍然保持着纯正的追求,没有走上这条可悲的路。

练习与思考

1. 文章提出了怎样的观点？文章如何将摆事实和讲道理相结合,增强文章说服力的？

2. 学完课文,你觉得一个人灵魂的高贵体现在哪里？假如把"高贵"改为"高尚",好不好？谈谈你的理解。

3. 从自己的记忆里,选取一则"会闪放出动人光彩"的平凡事,把它写出来,字数300左右。

---

❶ [萎(wěi)缩] 物体干枯;缩小。

青年在选择职业时的考虑❶

卡尔·亨利希·马克思❷

> **课文读导**
>
> 1835年秋天，马克思高中毕业时写了这篇名为《青年在选择职业时的考虑》的论文，发表了一些重要见解，表达了为人类服务的崇高理想。文章分析了青年人在选择职业时欠考虑的表现及带来的后果，指出应该选择什么样的职业，以及为何这样选择。这些观点至今仍对广大青年有着积极的指导意义。
>
> 为人类服务是少年马克思的崇高理想，也是马克思在中学毕业论文中所阐述的主要思想。在漫长的斗争岁月中，他始终不渝地忠实于少年时代的誓言。他的一生，就是为人类服务的最光辉的榜样。

自然本身给动物规定了它应该遵循的活动范围，动物也就安分地在这个范围内活动，不试图越出这个范围，甚至不考虑有其他什么范围的存在。神也给人指定了共同的目标——使人类和他自己趋于高尚。但是，神要人自己去寻找可以达到这个目标的手段，神让人在社会上选择一个最适合于他、最能使他和社会都得到提高的地位。

能有这样的选择是人比其他生物远为优越的地方，但是这同时也是可能毁灭人的一生、破坏他的一切计划并使他陷于不幸的行为。因此，认真地考虑这种选择——这无疑是开始走上生活道路而又不愿拿自己最重要的事业去碰运气的青年的首要责任。

每个人眼前都有一个目标，这个目标至少在他本人看来是伟大的，而且如果最深刻的信念，即内心深处的声音，认为这个目标是伟大的，那他实际上也是伟大的。因为神决不会使世人完全没有引导，神总是轻声而坚定地作启示。

但是，这声音很容易被淹没。我们认为是灵感的东西可能须臾而生，同样可能须臾

---

❶ 作品选自《马克思恩格斯论教育》，人民教育出版社1986年版。

❷ [卡尔·亨利希·马克思](1818—1883)，德国伟大的政治家、哲学家、经济学家，革命理论家，全世界无产阶级的伟大导师、科学共产主义的创始人，主要著作有《资本论》《共产党宣言》等。他是无产阶级的精神领袖，是近代共产主义运动的弄潮儿。

而逝。也许,我们的幻想油然而生,我们的感情激动起来,我们的眼前浮想联翩❶,我们狂热地追求我们以为是神本身给我们指出的目标。但是,我们梦寐以求❷的东西很快就使我们厌恶——于是我们的整个存在也就毁灭了。

因此,我们应当认真考虑:所选择的职业是不是真正使我们受到鼓舞?我们的内心是不是同意?我们受到的鼓舞是不是一种迷误?我们认为是神的召唤的东西是不是一种自欺?但是,不找出鼓舞的来源本身,我们怎么能认清这些呢?

伟大的东西是光辉的,光辉则引起虚荣心,而虚荣心容易给人鼓舞或者是一种我们觉得是鼓舞的东西。但是,被名利弄得鬼迷心窍❸的人,理智已无法支配他,于是他一头栽进那不可抗拒的欲念驱使他去的地方。他已经不再自己选择他在社会上的地位,而听任偶然机会和幻想去决定它。

我们的使命决不是求得一个最足以炫耀的职业,因为它不是那种使我们长期从事而始终不会感到厌倦、始终不会松动、始终不会情绪低落的职业。相反,我们很快就会觉得,我们的愿望没有得到满足,我们理想没有实现,我们就将怨天尤人❹。

但是,不只是虚荣心能够引起对这种或那种职业突然的热情,也许,我们自己也会用幻想把这种职业美化,把它美化成人生所能提供的至高无上的东西。我们没有仔细分析它,没有衡量它的全部分量,即它让我们承担的重大责任。我们只是从远处观察它,然而从远处观察是靠不住的。

在这里,我们自己的理智不能给我们充当顾问,因为它既不是依靠经验,也不是依靠深入的观察,而是被感情欺骗,受幻想蒙蔽。然而,我们的目光应该投向哪里呢?当我们丧失理智的时候,谁来支持我们呢?

是我们的父母,他们走过了漫长的生活道路,饱尝了人世的辛酸——我们的心这样提醒我们。

如果我们通过冷静的研究,认清所选择的职业的全部分量,了解它的困难以后,我们仍然对它充满热情,我们仍然爱它,觉得自己适合它,那时我们就应该选择它,那时我们既不会受热情的欺骗,也不会仓促从事。

但是,我们并不能总是能够选择我们自认为适合的职业。我们在社会上的关系,还在我们有能力对它们起决定性影响以前就已经在某种程度上开始确立了。

我们的体质常常威胁我们,可是任何人也不敢藐视它的权利。

诚然,我们能够超越体质的限制,但这么一来,我们也就垮得更快。在这种情况下,我们就是冒险把大厦筑在松软的废墟上,我们的一生也就变成一场精神原则和肉体原

---

❶ [浮想联翩]指许许多多的想象不断涌现出来。
❷ [梦寐(mèi)以求]寐,睡着。做梦的时候都在追求,形容迫切地期望着。
❸ [心窍(qiào)]指认识和思维的能力。
❹ [怨天尤人]尤,怨恨,归咎,指遇到挫折或出了问题,一味抱怨天,责怪别人。

则之间的不幸的斗争。但是,一个不能克服自身相互斗争的因素的人,又怎能抗拒生活的猛烈冲击,怎能安静地从事活动呢?然而只有从安静中才能产生伟大壮丽的事业,安静是唯一能生长出成熟果实的土壤。

尽管我们由于体质不适合我们的职业,不能持久地工作,而且工作起来也很少乐趣。但是,为了恪尽职守❶而牺牲自己幸福的思想激励着我们不顾体弱去努力工作。如果我们选择了力不胜任的职业,那么我们决不能把它做好,我们很快就会自愧无能,并对自己说,我们是无用的人,是不能完成自己使命的社会成员。由此产生的必然结果就是自卑。还有比这更痛苦的感情吗?还有比这更难于靠外界的赐予来补偿的感情吗?自卑是一条毒蛇,它永远啮噬❷着我们心灵,吮吸着其中滋润生命的血液,注入厌世和绝望的毒液。

如果我们错误地估计了自己的能力,以为能够胜任经过周密考虑而选定的职业,那么这种错误将使我们受到惩罚。即使不受到外界指责,我们也会感到比外界指责更为可怕的痛苦。

如果我们把这一切都考虑过了,如果我们生活的条件容许我们选择任何一种职业,那么我们就可以选择一种能使我们获得最高尊严的职业;选择一种建立在我们深信其正确的思想上的职业;选择一种能给我们提供最广阔的场所来为人类工作并使我们自己不断接近共同目标即完美境地的职业。而对于这个共同目标来说,一切职业只不过是一种手段。

尊严就是最能使人高尚起来、使他的活动和他的一切努力具有崇高品质的东西,就是使他无可非议、受到众人钦佩❸并高出于众人之上的东西。

但是,能给人以尊严的只有这样的职业,在从事这种职业时我们不是作为奴隶般的工具,而是在自己的领域内独立地进行创造。这种职业不需要有不体面的行动(哪怕只是表面上不体面的行动),甚至最优秀的人物也会怀着崇高的自豪感去从事它。最合乎这些要求的职业,并不一定是最高贵的职业,但总是最可取的职业。

但是,正如有失尊严的职业会贬低我们一样,那种建立在我们后来认为是错误的思想上的职业也一定使我们感到压抑。

这里,我们除了自我欺骗,别无解救办法,而以自我欺骗来解救又是多么糟糕!

那些主要不是干预生活本身,而是从事抽象真理的研究的职业,对于还没有坚定的原则和牢固的、不可动摇的信念的青年是最危险的。当然,如果这些职业在我们心里深深地扎下了根,如果我们能够为它们的主导思想而牺牲生命、竭尽全力,这些职业看来还是最高尚的。

---

❶ [恪(kè)守]谨慎而恭敬。
❷ [啮噬(niè shì)]咬嚼,比喻折磨。
❸ [钦(qīn)佩]敬重。

这些职业能够使才能适合的人幸福，但也必定使那些不经考虑、凭一时冲动就仓促从事的人毁灭。

相反，重视作为我们职业的基础的思想，会使我们在社会上占有较高的地位，提高我们本身的尊严，使我们的行为不可动摇。

一个选择了自己所珍视的职业的人，一想到他可能不称职时就会战战兢兢❶——这种人单是因为他在社会上所居地位是高尚的，他也就会使自己的行为保持高尚。

在选择职业时，我们应该遵循的主要指针是人类的幸福和我们自身的完美。不应认为，这两种利益是敌对的，互相冲突的，一种利益必须消灭另一种利益。人类的天性本来就是这样的：人们只有为同时代人的完美、为他们的幸福而工作，才能使自己也达到完美。

如果一个人只为自己劳动，他也许能够成为著名的学者、大哲人、卓越诗人，然而他永远不能成为完美的、真正伟大的人物。

历史承认那些为共同目标劳动因而自己变得高尚的人是伟大人物。经验赞美那些为大多数人带来幸福的人是最幸福的人。宗教本身也教诲我们，人人敬仰的理想人物，就曾为人类牺牲了自己——有谁敢否定这类教诲呢？

如果我们选择了最能为人类福利而劳动的职业，那么，重担就不能把我们压倒，因为这是为大家而献身。那时我们所感到的就不是可怜的、有限的、自私的乐趣，我们的幸福将属于千百万人。我们的事业是默默地，但它将永恒地存在，并发挥作用。面对我们的骨灰，高尚的人们将洒下热泪。

卡尔·马克思写于 1835 年 8 月 12 日

练习与思考

1. 马克思认为青年选择职业时应考虑哪些问题？我们在什么情况下要冷静地研究所选择的职业？

---

❶ ［战战兢兢(jīng)］形容因害怕而微微发抖的样子。

2. 马克思提出选择职业时应遵循哪几个原则？

3. 马克思自己所向往的职业是什么？

4. 研读下列句子，回答后面的问题。

(1)"诚然，我们能够超越体质的限制，但这么一来，我们也就垮得更快；在这种情况下，我们就是冒险把大厦建筑在残破的废墟上，我们的一生也就变成一场精神原则和肉体原则之间的不幸斗争。"这里的"冒险把大厦建筑在残破的废墟上"说明了什么？

(2)第15自然段"还有比这更痛苦的感情吗？还有比这更难于靠外界的各种赐予来补偿的感情吗？"连用两个问句，应该如何理解？

*牛顿[1]上大学的第一天[2]

摩尔 周继武译

> **课文读导**
>
> 这是一篇人物传记。人物传记是通过对典型人物的生平、生活、精神等领域进行系统描述、介绍的一种文学作品形式。人物传记必须遵循真实性和生动性的原则,做到"真、信、活",以达到对人物特征和深层精神的表达和反映。
>
> 了解人物传记的写作技法,学习本文将人物对话和细节描写相结合展示人物心理活动的写作技法。通过文章里的人物对话和细节描写解读求学时期牛顿这一人物形象。
>
> 学习牛顿善于思考、特立独行的学习风格,树立正确的人生观。

牛顿,从小在乡村长大。他宁愿自己看书,不喜欢学校,上学的任务似乎就是为了等待放学。他不交朋友,经常独思冥想,曾被老师和同学称为"呆子"。校长从他许多精巧的发明看出他是个思想专一的可造之材,常用激将法督促他。18 岁后的一天,他凭校长的推荐去剑桥大学读书。

那里的"公共交通工具"是狭窄的驿马车。牛顿上车时车上已有两位乘客:衣饰华贵的绅士和纤弱[3]的年轻女子。

"吭"的一声,马车颠摇了一下,绅士的手杖掉落,丝质高帽欲飞向空中。牛顿伸出手把它抓住。

"啊,谢谢。"绅士点头致谢,似乎已观察他一阵了,"是不是去剑桥念书?"

"是的,"牛顿告诉绅士读"三一学院"[4]。

牛顿因家境贫寒,舅父替他选了这个有工读生制度的学院当工读生。"三一"在基督教里是神父、圣子、圣灵三位一体的意思。

"是嘛!三一学院虽然经费不太充足,但教授优秀。"

---

[1] [牛顿](1643 年 1 月 4 日—1727 年 3 月 31 日)爵士,英国皇家学会会长,英国著名的物理学家,百科全书式的"全才",著有《自然哲学的数学原理》《光学》。

[2] 摘自 2010 年《青年时代》第 12 期。

[3] [纤(xiān)弱] 纤细而柔弱。

[4] [三一学院] 剑桥大学三一学院(Trinity College, Cambridge)是剑桥大学中规模最大、财力最雄厚、名声最响亮的学院之一,拥有约 600 名大学生,300 名研究生和 180 名教授。同时,它也拥有全剑桥大学中最优美的建筑与庭院。

"大学与中学有很大的不同,它不是中学的延伸。大学的原意是学生组合成的团体,想读书研究的人,不论年老年轻,大家组成一个团体,聘请名师来讲授,这就是大学的起源。千万不要忘记这种精神。"绅士和蔼地说。

车到剑桥,牛顿和绅士一齐下了车。提着旧皮箱的牛顿,像个乡巴佬似地四处张望,一言不发地跟在绅士后面。在路口,绅士指示了去三一学院的道路。之后,他便飘然消逝在剑桥的楼宇绿荫中。

剑桥大学的校园繁花遍地,绿草如茵,各具特色的建筑物隐约于参天大树之间。清澈的溪流中几只天鹅在垂柳下悠游。三一学院的大门上是英王亨利八世的雕像,他创立了英国国教,也是这个学院的创办人。牛顿意识到要进入一种新的生活,顿然紧张起来,一阵凉飕飕的感觉从脊背直透脚尖。

牛顿走进院门,差一点迎面撞上一位身材魁梧的红袍绅士。牛顿吃了一惊,言语失措,不知如何是好。事有凑巧,这人就是舅父介绍的艾萨克·巴罗教授。于是,牛顿从口袋里拿出舅父的信。

教授想缓和一下青年的紧张情绪,神态尽量随和。牛顿却因初次见到大学教授,感到一种压抑,愈来愈拘束。教授打开信,匆匆地看了一眼,放进口袋。

"到我房间里去吧。"

教授在走廊里阔步前行,牛顿迷迷糊糊地跟着走。等到稍微恢复正常时,已经在教授的房间里了。牛顿丝毫不知道,眼前的这位 31 岁的教授是殴几里得几何学❶的一流学者,以创立在曲线上做切线的方法而著名。

"随便坐,别拘束。"

牛顿的动作显得很生硬,好不容易在椅子上坐下了。

"你对学习有什么要求?""我想学有关力和运动方面的东西,也想研究数学……"

有了具体的话题,牛顿就能对答了。

"那就有困难了。数学倒是没什么问题,但力和运动却没有人讲授。当然你可以自己研究,但没有人指导。"

牛顿并不惊异。小学也好,中学也好,从来没有人教他想学的东西,他记起驿马车上的绅士关于大学的谈话。

"你知道伽利略❷的实验吗?"

别说是实验,连这人的名字也是头一回听说。

"那么,我提一个问题吧,铅球有大有小,让它们同时从塔上落下来,请问哪个先到地面?"

---

❶ [殴几里得几何学]指按照古希腊数学家欧几里得的《几何原本》构造的几何学。

❷ [伽利略]意大利数学家、物理学家、天文学家,科学革命的先驱。伽利略发明了摆针和温度计,在科学上为人类做出过巨大贡献,是近代实验科学的奠基人之一。

牛顿默想了一会儿,有点怯意地说:"不做一下不知道。""是吗?伽利略也这么想。可是亚里士多德说是重的先到达地面。你认为怎么样呢?"

亚里士多德是古希腊的大哲学家,牛顿是知道的。

"我想他是正确的。"

"你确信如此吗?""……"牛顿犹豫起来了。

巴罗教授从他的表情看出他的念头,突然改变了态度,以教授的语气说:"你只是想亚里士多德说的不太会错。那么,你是不是赞成,不必探究真理,不必做新的发现,只要相信古代圣贤就行了?"

牛顿从未面临过这种问题,有点惊慌失措。

"伽利略让大小铅球同时从比萨斜塔上掉下来,结果和亚里士多德所说的不一样,重的和轻的同时落到地面。"

"亚里士多德也错了吗?"

"古典学派的人不肯面对这一事实,有人诘难❶伽利略使用了'魔术'。但是,无论由谁来做,结果都一样。"

古典学派是受罗马教廷支持的一个思想学派,该学派的学者们认为,哲学上的真理都已被亚里士多德和柏拉图所掌握,而神学上的真理都被《圣经》和奥古斯丁所掌握。所以,要学得真理,只要读这些圣贤的书就够了。

罗马天主教廷为维护教权,极力推行和扶持古典学派的权威,一般人很难脱缰而出。

"伽利略研究天体运行得出结论,说地球会运行转动。这在古典学派的罗马教廷看来,是异端邪说,伽利略因此被送上宗教法庭,几乎送命。最后结论如何,还会争论下去。但他倡导的重视观察和实验验证的研究方法,比结论更为重要。这一点,你要牢记在心上。我认为,本学院负有把中世纪引到近世纪、打破天主教的古典思想的使命。牛顿先生,你要多多努力啊。"巴罗教授语重心长地说。

这是牛顿第一天上大学的经历,时间是1661年6月5日。

练习与思考

1. 课文中人物对话比较多。这之中,少年牛顿表现出哪些鲜明的行为心理特点?

---

❶ [诘难(jié)]责难。诘,追问;责问。

2. 你认为牛顿上大学第一天得到的收获有哪些？请按照重要程度排列。

_____

3. 牛顿"不喜欢学校，上学的任务似乎就是为了等待放学"，但他为什么又来到剑桥求学？

_____

4. 通过体会人物语言、心理、动作，分析牛顿、绅士以及巴罗教授等人物形象。

_____

只摘够得着的苹果[1]

郑小兰

课文读导

理想就像挂在树上的苹果,宏大的理想就是最大的那个苹果,而实际的理想则像是够得着的苹果。在心理学中,有一个著名的摘苹果理论,意思是说,一个渴望成功的人,应该永远努力去采摘那些需要奋力跳起来才能够得着的苹果。而有哲人偏偏提出:只摘够得着的苹果。那我们是应该摘最大的苹果还是摘够得着的苹果呢?

针对这个问题,本文作者阐述了自己的观点,并且通过两个实例进行了充分的论证。那么,作为中职学生的我们,又该做何选择呢?相信这篇课文,能引发你深深的思考。

不想当将军的士兵不是好士兵!多少年来,拿破仑这句名言影响了无数人。为了成功,即使付出再大的代价,人们也在所不惜。然而,谁都无法否认,成功并不具备普遍性。想成为比尔·盖茨[2]无疑是好事,但想成为比尔·盖茨绝不等于能成为比尔·盖茨!何况更多的时候,人们总是把远大理想和欲望膨胀混为一谈。尤其是在如今这个更民主、更自由,充满了更多机遇的时代,面对满树的红苹果,没有人不跃跃欲试,没有人不想把它们一一收入囊中。随之而来的,自然是或欣喜、或抱怨、或抑郁、或失常、或崩溃[3]……所以,哲人告诉我们:"只摘够得着的苹果。"

张跃是某培训公司的著名讲师,一次演讲中,他讲了自己少年时代的一段经历:

我的小学老师是一位民办教师,当时月工资只有几十元,为补贴家用,老师和师母在自留地里种了数十棵果树,有桃树、梨树、苹果树、柿子树等,从农历五月直到十月初,老师的果园里各种果子不断。但是师母体弱多病,因此每到摘果子的时候,老师就会找几个同学去帮忙,因为我离老师家比较近,所以经常去帮忙,当然也没少吃各种水果。

---

[1] 摘自 2011 年《中等职业教育》第 15 期。
[2] [比尔·盖茨](Bill Gates)全名威廉·亨利·盖茨三世,简称比尔或盖茨。1955 年 10 月 28 日出生于美国华盛顿州西雅图,企业家、软件工程师、慈善家、微软公司创始人。曾任微软董事长、CEO 和首席软件设计师。
[3] [崩溃] 多指人因过度的刺激或悲伤,超过了本人的心理承受极限而彻底的情绪失控,绝望,无法自制。

有一年秋天，到了苹果收获的季节，老师又来找我和几个同学去帮忙。当时收苹果的商贩正在一边等着，因此一个同学提议说："咱们搞个摘苹果竞赛吧，看谁摘得多。"几个人一听也很兴奋，老师说："那你们一人先包一棵树，到时候谁摘得最多奖励谁两个大苹果，其余的人奖1个，并罚他讲个笑话。"

大家想都没想就答应下来，然后迅速选定目标，忙活起来。一开始，大家不分高低。直到低处的苹果摘完后，我才发现我落后了，因为我比较矮小，自然摘不到高处的苹果。突然我脑筋一转，我虽然矮，但并不比他们笨拙呀！于是我三下两下攀到了树上，一会儿时间就比他们摘得多了。

我一边往更高处爬去，一边想大奖非我莫属了！突然咔嚓一声，我随着一根树枝重重地跌到了地上。老师和同学们赶紧跑过来，问我摔伤没有。我甩开他们的手说："没事，我继续比赛，一定要得第一！"说完又要往树上爬。

但老师却坚决不允许我再上树了，而且把同学们都叫过来，语重心长地说："有些苹果，比如最高处的那些，不用你们去摘，到时候我搬个梯子来。大家只要摘够得到的就行了。"

张跃总结道："多年以后，在我的理想一次又一次被现实击倒，在我的雄心一次又一次以无奈而告终的同时，我也反复地咀嚼过老师当初的话，原来老师就是哲人。另一方面，虽然现在的我仍然有理想、有目标、有追求，但是相比以前，我变得理智多了，也成熟多了。我知道，只有去珍惜、去获取那些够得着的'苹果'，生活才不会频频让人失望。更何况那些现在不能摘到的'苹果'，并非永远不属于我们。"

我们来看一个外国人的例子。

德国柏林爱乐乐团素有"世界第一交响乐团"之美誉，能够成为柏林爱乐乐团的首席指挥，是每个指挥家的最高梦想。然而，在1992年，当柏林爱乐乐团邀请英国著名指挥家西蒙·拉特尔❶担任乐团首席指挥时，拉特尔却出人意料地拒绝了。他说："柏林爱乐乐团以演奏古典音乐闻名于世，但我对古典音乐的理解还不够透彻，如果我担任首席指挥，恐怕非但不能带领乐团迈上一个新台阶，反而会起到负面作用。机会虽然好，但是我没有能力去把握，还是放弃为好。"

不过，这绝不意味着拉特尔不想担任乐团首席指挥一职。在谢绝邀请后，他付出了十年如一日的不懈努力，直到他对古典音乐的透彻理解震撼了世人，直到他对古典音乐的精湛指挥一次又一次令听众倾倒，直到2002年柏林爱乐乐团再次向他伸出了橄榄枝。这一次，拉特尔没有丝毫犹豫，当即接受了邀请。因为他知道，现在的他已经具备了担任首席指挥的实力。事实证明，拉特尔加盟后，柏林爱乐乐团创造了演奏史上一个又一个奇迹。

---

❶ [西蒙·拉特尔] 1955年1月19日生于利物浦，目前世界上炙手可热的指挥家，柏林爱乐管弦乐团首席指挥。

拉特尔的放弃是一种务实,更是一种明智。他的放弃,恰到好处地为我们诠释了"放弃是为了更好地得到"的哲理。只有暂时放弃,才能超脱自己,给自己鼓励,腾出空间和时间去接纳或学习其他更多、更好的东西,最终取得更大的成功。所以,当我们还没有实力去采摘那些高处的苹果时,无论你多么希望得到它,多么需要得到它,只要客观条件不成熟,那么就必须暂时放弃,然后通过务实的途径,去追求事物的本质。等你长高了,你自然会摘到更多的苹果。

练习与思考

1. 按照提出问题—分析问题—解决问题的思路给本文划分层次,用简洁的语言概括各部分的主要内容。

2. 仔细思考本文的结构特点,分别找出详略的部分,试着分析一下作者为什么这样安排材料?

3. 有人认为顺其自然、知足常乐是一种不思进取的生活态度,人生必须要给自己树立一个宏大的目标;也有人认为只要努力过,不要过分计较结果……如果说人生理想的选择好比是摘苹果,那么你是摘最高、最大的苹果还是摘够得到的苹果呢?为什么?请用文字阐述自己的观点。

4. 找出本文中列举出来的名人,并且通过查资料了解他们的生平事迹。

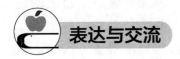

口语交际——介绍

介绍是口语交际的一种,它通过沟通使双方相识或建立联系。分为自我介绍、介绍别人、介绍家乡、介绍名胜古迹、介绍产品,等等。

(一)自我介绍

1. 自我介绍的作用

自我介绍是在日常生活中向别人展示自己的一个重要手段,用途非常广泛。可以在与陌生人初次见面时,也可以在去单位求职应聘时,可以是比较正式的场合,也可以是非正式的场合。自我介绍直接关系到别人对你的第一印象以及以后的交往。

2. 分类

自我介绍从目的和场合上讲,一般分为以下几种:

(1)寒暄式——适用于一般性的社交场合,目的是为了消除陌生感,融洽气氛。内容少而精,简洁明了。

(2)交往式——主要适用于目的性较为明确的社交活动,刻意寻求与交往对象进一步交流与沟通,希望对方认识自己、了解自己、与自己建立联系。

(3)工作式——主要适用于工作中。以工作为介绍的中心。

分为简单的工作介绍和复杂的工作介绍。

【案例一】

研究生毕业的小刘很健谈,口才甚佳,对自我介绍,他自认为不在话下,所以他从来不准备,看什么人说什么话。他的求职目标是地产策划,有一次,应聘本地一家大型房地产公司,在自我介绍时,他谈起了房地产行业的走向,由于跑题太远,面试官不得不把话题收回来。自我介绍也只能"半途而止"。

【评析】

自我介绍的时间一般为3分钟,在时间的分配上,第一分钟可谈谈学历等个人基本情况,第二分钟可谈谈工作经历,对于应届毕业生而言可谈相关的社会实践,第三分钟可谈对本职位的理想和对于本行业的看法。如果自我介绍要求在1分钟内完成,自我介绍就要有所侧重,突出一点,不及其余。

在实践中,有些应聘者不了解自我介绍的重要性,只是简短地介绍一下自己的姓名、身份,其后补充一些有关自己的学历、工作经历等情况,大约半分钟左右就结束了自我介绍,然后望着考官,等待下面的提问,这是相当不妥的,白白浪费了一次向面试官推荐自己的宝贵机会。而另一些应聘者则试图将自己的全部经历都压缩在这几分钟内,这也是不明智的做法。合理地安排自我介绍的时间,突出重点是首先要考虑的问题。

(二)产品介绍

常见的简单实用的产品介绍方法是先一般、后具体,重点突出,如先介绍产品的概要,然后介绍产品的用途、特点和优越性。事前准备充分,对产品的信息要烂熟于心,对消费者可能提出的问题要做好预案。

【案例二】

有两家店铺在销售同一款太空保温杯,也就是用不锈钢制作的水杯。两家店铺的信誉水平都差不多,其中B店的定价比A店的价格略高,而且销量还比A店高出几十倍,为什么价格高的B店反而销量更高呢?主要原因还是在对产品介绍上存在差异。A店的产品描述中规中矩,主要介绍了产品的材质、容量、质量,打出了"冲皇冠,低价出售"的标语。B店在产品描述中重点突出"健康"二字,强调"病从口入",通过一系列的文字告诉大家,要格外注意卫生,然后列举一些例子把各种水杯进行对比,突出介绍了本店的水杯材质采用进口产品,通过了国际认证等信息,充分体现出这款水杯的安全性。

【评析】

对比上面的两个卖家,其实本质的区别就在于抓住买家的心理方向不同,A店以买家"爱占小便宜"为出发点,B店以买家"健康"为出发点,效果呢,不用说,对于吃的东西,因为关系到自身健康,所以大多数买家是不会占小便宜的。

产品的描述并非越多越好,将一些重要的信息展示出来,让买家有足够的信心来购买即可。

练一练

1. 以"说说我自己"为主题开一次班会,每个同学在班会上做一次自我介绍。
2. 介绍你家乡的一个特产或者一处名胜古迹。
3. 假设你是一名销售人员,请选定一种产品,在阅读说明书和对产品直观了解的基础上,根据产品的特性、用途与优点等向顾客做一次产品介绍。

应用文——报告

(一) 文体知识

报告是陈述性公文,适用于向上级机关或者业务主管机关汇报工作、反映情况,回复上级机关的询问。报告属上行文。

报告按其行文目的和作用不同,一般分为七种类型。①工作报告。指向上级机关汇报工作的报告,有例行工作报告和专题报告两种。②情况报告。指向上级机关反映情况的报告。③呈转性报告。就是要求上级批转的报告。④检查报告。因工作中发生错误而写给上级机关的检查报告。⑤例行报告。在特殊紧急情况下,上级机关明确要求下级机关按月(称"月报")、按周(称"周报")向上级机关反映工作、汇报情况的报告。⑥答复报告。指答复上级询问事项的报告。⑦报送报告。指向上级机关报送文件或有关材料的报告。

报告的适用范围很广,各级各类机关、群众团体均可使用。

(二) 写作方法

报告由标题、主送机关、正文和落款等部分构成。

1. 标题

一般由发文机关、事由、文种构成,如《××市妇联关于维护妇女儿童合法权益情况的报告》;也可由事由和文种构成,如《关于进一步做好维护社会稳定工作情况的报告》。

2. 主送机关

写明所要呈报的机关名称。一般一个报告只呈报一个主送机关,如需其他机关知晓,可用"抄送"。

3. 正文

报告的正文一般由开头、主体和结尾三部分组成。开头一般先总述开展工作的背景、成绩或问题,作为发文依据,然后常用"现将有关情况报告如下"作为过渡句,引起下文。主体写报告内容,即反映主要工作进展情况。这部分写作要突出重点,抓住核心问题,要有主要成绩、基本经验、存在不足、改进意见等内容。结尾常用"特此报告,请审阅"结束全文。

4. 落款

落款应写明发文机关和成文时间。

(三)写作范例

【例文一】

××中学(学校)关于寒假期间教师违规补课的自查报告

××县教育局:

  我校严格执行国家教育部及自治区教育厅的有关政策法规,严禁学校和教师个人违规补课,并根据《关于对中小学教师寒假违规补课等现象进行检查的通知》的文件精神,重新调整了以校长为组长的××县第二初级中学教师寒假违规补课检查领导小组,对2012年寒假教师违规补课进行了严格地自查,未发现一起教师个人违规补课现象。学校也严格执行了上级文件,未出现集体违规补课现象。

  特此报告。

××县第二初级中学
2013年3月21日

【评析】

  这份自查报告一开头就交代了自查工作开展的背景、依据,然后汇报了自查的结果,全文简明扼要。

【例文二】

××职业学校关于学生收费情况的报告

××市教育局:

  前接××市教综〔200×〕××号函,询问我校对学生收费的情况,现将情况报告如下:

  我校对学生收费的标准是根据市人民政府〔200×〕××号文件规定,同时又针对我校所设专业的不同而制定,并报市物价局核准后执行的,不存在乱收费、多收费的情况。另外我校对部分贫困生实行减免学费和不定期补助的做法,使部分特困生得以顺利完成学业。

  今后我校在收费方面将继续严格按上级有关文件规定和当地物价部门核准的收费标准执行,绝不做违规之事。

  特此报告

  附件:1.《××职业学校收费标准》

     2.《××市物价局关于××学校收费标准的批复》

200×年×月×日(章)

【评析】

  这是一篇答复报告,第一段先说明行文的缘由,然后过渡到下文,具体答复了上级的询问,同时还简要说明了本校在收费方面对学生有益的其他做法及今后的做法,最后加上两个附件,以此证明学校的收费并未违规。

一、判断题

1. 某地发生一突发性重大事故,向上级反映此事故及其有关情况,用报告行文。
（   ）
2. 报告可以同时上报几个上级机关。（   ）
3. 报告不能用"以上报告当否,请指正"之类的结束语。（   ）
4. 关于发生重大火灾事故的报告。（   ）
5. 报告标题可只用"报告"两字（   ）

二、多项选择题

1. 报告可用于陈述的事项有（   ）。
    A. 向上级汇报工作,反映情况
    B. 向下级或有关方面介绍工作情况,向上级提出工作意见或建议
    C. 答复群众的查询、提问
    D. 答复上级机关的查询、提问

2. 工作报告的内容包括（   ）。
    A. 经常性的常规工作情况
    B. 偶发性的特殊情况
    C. 向上级汇报的工作进程,总结的工作经验
    D. 对上级机关的查问、提问做出的答复

三、根据下面提供的材料,请以××市商业局的名义向××省商业厅起草一份报告。

1. 19××年2月20日上午9点20分,××市××百货大楼发生重大火灾事故。
2. 事故后果:未造成人员伤亡,但烧毁三层楼房一幢及大部分商品,直接经济损失792万元。
3. 施救情况:事故发生后,市消防队出动15辆消防车,经4个小时扑救,大火才被扑灭。
4. 事故原因:直接原因是电焊工××违章作业,在一楼铁窗架电焊火花溅到易燃货品上引起火灾,这与×××百货公司管理局及员工安全思想模糊,公司安全制度不落实,许多安全隐患长期得不到解决有关。
5. 善后处理:市商业局副局长带领有关人员赶到现场调查处理;市人民政府召开紧急防火电话会议;市委、市政府对有关人员视情节轻重,做了相应处理。

语文综合实践活动

产品推介会
——新能源汽车介绍

活动目的与任务

1. 让学生了解产品推介会的流程，了解本次产品推介的目的是为了增加客户对新能源汽车的了解，赢得客户的口碑。

2. 培养学生的推销能力和创新思维，以及小组团结协作的能力。

活动流程

一、活动准备

1. 分组：确定组长和人员分工。

2. 分头准备新能源汽车推介会所需资料并制作PPT，确定时间、地点、主题、参会人员及现场布置。

二、活动过程

分组现场展示，介绍新能源汽车的相关内容，展示PPT。

三、小组互评

1. 各小组分别进行现场展示后，进行教师评价和小组互评。

2. 各小组撰写总结，归纳优点和缺点并提出改进方案。

第二单元　敬业与乐业

单元导语

　　本单元"阅读与欣赏"的学习重点是敬业与乐业。所谓"敬业与乐业",就是人们在工作及学习中,严格遵守职业道德并热爱自己的工作和学习的态度。世界上有很多敬业乐业的人,他们不分贵贱,在或平凡、或伟大的工作岗位上,用自己的努力和坚持,将他们的灵魂之光照耀到了世界上的每一个角落。

　　本单元选取的四篇课文都是写人的文章。《邓稼先》和《虹桥卧波　心载长龙》一文采用纵向贯穿和截取横断面相结合的方式,刻画了两位不同时代、不同领域却同样为中国的发展做出了巨大贡献的大师形象,字里行间浸透着对他们深深的敬意;《邮差弗雷德》一文通过一个普通邮差的故事告诉我们:每个人都能在自己的工作岗位上有所作为,工作的平凡或伟大取决于工作的人。《雀儿山的守望者》一文通过对雀儿山五道班的普通养护工人陈德华工作环境和工作片段的描写,刻画出了具有"爱岗敬业"高贵品质的普通群体中的一员,让人倍感亲切和温暖。

　　本单元"表达与交流"的口语交际部分的教学内容是"接待","应用文"部分的教学内容则安排了"请示"。

　　本单元安排的语文综合实践活动是"接待客户——大型会议模拟主题活动",以帮助同学了解接待流程,学会接待礼仪,进而培养学生的沟通、合作能力。

语文

阅读与欣赏

邓稼先❶

杨振宁❷

课文读导

本文是一篇感人至深的回忆性散文。作者站在民族历史、科技发展的高度,将深沉的历史感与鲜明的时代感熔于一炉,对邓稼先予以高度评价,字里行间充满民族的自豪感和无私的赤子之情。

速读时可通过小标题把握本文的行文脉络,体会作者的思想感情。文中运用了多种修辞手法,在句式的运用上,长短结合,有整有散,既增强了语言的节奏感,又渗透着鲜明的感情色彩。

从"任人宰割"到"站起来了"

一百年以前,甲午战争和八国联军时代,恐怕是中华民族五千年历史上最黑暗最悲惨的时代,只举1898年为例:

德国强占山东胶州湾,"租借"99年。

俄国强占辽宁旅顺大连,"租借"25年。

法国强占广东广州湾,"租借"99年。

英国强占山东威海卫与香港新界,前者"租借"25年,后者"租借"99年。

那是中华民族任人宰割的时代,是有亡国灭种的危险的时代。

今天,一个世纪以后,中国人民站起来了。

这是千千万万人努力的结果,是许许多多可歌可泣的英雄人物创造出来的伟大胜利。在20世纪人类历史上,这可能是最重要的、影响最深远的巨大转变。

对这一转变做出了巨大贡献的,有一位长期以来鲜为人知的科学家:邓稼先(1924—1986)。

---

❶ 选自1993年8月21日《人民日报》。邓稼先(1924—1986),当代杰出核科学家,为中国研制原子弹、氢弹和新型核武器做出了重大贡献,是中国核武器理论研究工作的奠基者和开拓者之一,是中国研制和发展核武器在技术上的主要组织领导者之一,被誉为"两弹元勋"。

❷ [杨振宁](1922—),当代著名美籍华裔物理学家,诺贝尔奖获得者。

"两弹"元勋

邓稼先于1924年出生在安徽省怀宁县。在北平上完小学和中学以后,于1945年自昆明西南联大毕业。1948年到1950年赴美国普渡大学(Purdue University)读理论物理,获得博士学位后立即乘船回国,1950年10月到中国科学院工作。1958年8月奉命带领几十个大学毕业生开始研究原子弹制造的理论。

这以后的28年间,邓稼先始终站在中国原子武器设计制造和研究的第一线,领导许多学者和技术人员,成功地设计了中国的原子弹和氢弹,把中华民族国防自卫武器引导到了世界先进水平:

1964年10月16日中国爆炸了第一颗原子弹。

1967年6月17日中国爆炸了第一颗氢弹。

这些日子是中华民族五千年历史上的重要日子,是中华民族完全摆脱任人宰割危机的新生日子!

1967年以后,邓稼先继续他的工作,至死不懈,对国防武器做出了许多新的巨大贡献。

1985年8月邓稼先做了切除直肠癌的手术,次年3月又做了第二次手术。在这期间他和于敏联合署名写了一份关于中华人民共和国核武器发展的建议书。1986年5月邓稼先做了第三次手术,7月29日因全身大出血而逝世。

"鞠躬尽瘁,死而后已"正好准确地描述了他的一生。

邓稼先是中华民族核武器事业的奠基人和开拓者。张爱萍将军称他为"'两弹'元勋",他是当之无愧的。

邓稼先与奥本海默

1936年到1937年,稼先和我在北平崇德中学同学一年。后来在西南联大我们又是同学。以后他在美国留学的两年期间我们曾住同屋。50年的友谊,亲如兄弟。

1949年到1966年我在普林斯顿高等学术研究所工作,前后17年的时间里所长都是物理学家奥本海默(Oppenheimer,1904—1967)。当时,他是美国家喻户晓的人物,因为他曾成功地领导战时美国的原子弹制造工作。高等学术研究所是一个很小的研究所,物理教授最多的时候只有5个人,奥本海默是其中之一,所以我和他很熟识。

奥本海默和邓稼先分别是美国和中国原子弹设计的领导人,各是两国的功臣,可是他们的性格和为人却截然不同——甚至可以说他们走向了相反的极端。

奥本海默是一个拔尖的人物,锋芒毕露。他二十几岁的时候在德国哥廷根镇做波恩(Born,1882—1970)的研究生。波恩在他晚年所写的自传中说研究生奥本海默常常在别人做学术报告时(包括波恩做学术报告时)打断报告,走上讲台拿起粉笔说:"这可以用底下的办法做得更好……"。我认识奥本海默时他已四十多岁了,已经是妇孺皆知的人物了,打断别人的报告,使演讲者难堪的事仍然时有发生。不过比起以前要少一些。佩服他、仰慕他的人很多,不喜欢他的人也不少。

邓稼先则是一个最不要引人注目的人物。和他谈话几分钟,就看出他是忠厚平实的人。他真诚坦白,从不骄人。他没有小心眼儿,一生喜欢"纯"字所代表的品格。在我所认识的知识分子当中,包括中国人和外国人,他是最有中国农民的朴实气质的人。

我想邓稼先的气质和品格是他所以能成功地领导许许多多各阶层工作者为中华民族作了历史性贡献的原因:人们知道他没有私心,人们绝对相信他。

"文论大革命"初期,他所在的研究院(九院)和当时全国其他单位一样,成立了两派群众组织,对吵对打。而邓稼先竟有能力说服两派继续工作,于1967年6月成功地制成了氢弹。

1971年,在他和他的同事们被"四人帮"批判围攻的时候,如果别人去和工宣队、军宣队讲理,恐怕要出惨案。而邓稼先去了,竟能说服工宣队、军宣队的队员。这是真正的奇迹。

邓稼先是中国几千年传统文化孕育出来的有最高奉献精神的儿子。邓稼先是中国共产党的理想党员。

我以为邓稼先如果是美国人,不可能成功地领导美国原子弹工程;奥本海默如果是中国人,也不可能成功地领导中国原子弹工程。当初选聘他们的人,钱三强❶和葛罗夫斯❷,可谓真正有知人之明,而且对中国社会、美国社会各有深入的认识。

民族感情? 友情?

1971年,我第一次访问中华人民共和国。在北京,见到阔别了22年的稼先。在那以前,也就是1964年中国原子弹试爆以后,美国报章上就已经再三提到稼先是这项事业

的重要领导人。与此同时,还有一些谣言说1948年3月去了中国的寒春❸曾参与中国原子弹工程。

1971年8月,我在北京看到稼先时,不便问他的工作地点,他自己只说"在外地工作"。但我曾问他,寒春是不是参加了中国原子弹工作,像美国谣言所说的那样。他说他觉得没有,但是确切的情况他会再去证实一下,然后告诉我。

1971年8月16日,在我离开上海经巴黎回美国的前夕,上海市领导人在上海大厦请我吃饭。席中有人送了一封信给我,是稼先写的,说他已证实了,中国原子武器工程

---

❶ [钱三强](1913—1992),当代中国著名核物理学家。
❷ [葛罗夫斯](1896—1970),美国陆军中将,在第二次世界大战期间,领导美国原子弹的研制工作。
❸ [春寒]原名 Joan Hinton,曾于20世纪40年代初在洛斯阿拉姆斯武器实验室做费米的助手,参加美国原子弹的制造。

中,除了最早于1959年底以前曾得到苏联的极少"援助"以外,没有任何外国人参加。

这封短短的信给了我极大的感情震荡。一时热泪满眶,不得不起身去洗手间理容。事后我追想为什么会有那样大的感情震荡,是为了民族而自豪?还是为了稼先而感到骄傲?我始终想不清楚。

"我不能走"

青海、新疆,神秘的古罗布泊,马革裹尸的战场,不知道稼先有没有想起过我们在昆明时一起背诵的《吊古战场文》❶:

浩浩乎!平沙❷无垠,敻❸不见人。河水萦带❹,群山纠纷❺。黯兮惨悴,风悲日曛❻;蓬❼断草枯,凛若霜晨;鸟飞不下,兽铤❽亡群❾。亭长❿告余曰:"此古战场也!常覆三军。往往鬼哭,天阴则闻!"

也不知道稼先在蓬断草枯的沙漠中埋葬同事、埋葬下属的时候是什么心情?

"粗估"参数的时候,要有物理直觉;昼夜不断地筹划计算时,要有数学见地;决定方案时,要有勇进的胆识和稳健的判断。可是理论是否准确永远是一个问题。不知稼先在关键性的方案上签字的时候,手有没有颤抖?

戈壁滩上常常风沙呼啸,气温往往在零下三十多摄氏度。核武器试验时大大小小突发的问题必层出不穷。稼先虽有"福将"之称,意外总是不能完全避免的。1982年,他做了核武器研究院院长以后,一次井下突然有一个信号测不到了,大家十分焦虑,人们劝他回去,他只说了一句话:"我不能走。"

假如有一天哪位导演要摄制《邓稼先传》,我要向他建议采用五四时代的一首歌作为背景音乐,那是我儿时从父亲口中学到的:

中国男儿,中国男儿,

要将只手撑天空。

长江大河,亚洲之东,峨峨昆仑,

古今多少奇丈夫。

---

❶ [《吊古战场文》]唐代散文家李华用骈体文写成的名篇。文中描述了古战场荒凉凄惨的景象,揭示了战争的残酷以及给人民造成的巨大痛苦,同时回顾了历史上对外战争得失成败的经验和教训,提出了行王道以安四夷,择良将而御边塞的主张。

❷ [平沙]平旷的沙漠,这里指旷野。

❸ [敻(xiòng)]辽远。

❹ [萦带]弯曲得像带子一般。

❺ [纠纷]交错在一起。

❻ [曛(xūn)]昏黄。

❼ [蓬]草名,又叫飞蓬。

❽ [铤(tǐng)]疾走。

❾ [亡群]失群。

❿ [亭长]秦汉时十里设一亭,亭长掌管捕盗。唐为管理治安的小吏。

碎首黄尘燕然勒功,

至今热血犹殷红。

我父亲诞生于1896年,那是中华民族任人宰割的时代,他一生都喜欢这首歌曲。

永恒的骄傲

稼先逝世以后,在我写给他夫人许鹿希的电报与书信中有下面几段话:

稼先为人忠诚纯正,是我最敬爱的挚友。他的无私的精神与巨大的贡献是你的也是我的永恒的骄傲。

稼先去世的消息使我想起了他和我半个世纪的友情,我知道我将永远珍惜这些记忆。希望你在此沉痛的日子里多从长远的历史角度去看稼先和你的一生,只有真正永恒的才是有价值的。

邓稼先的一生是有方向、有意识地前进的。没有彷徨,没有矛盾。

是的,如果稼先再次选择他的人生的话,他仍会走他已走过的道路。这是他的性格与品质。能这样估价自己一生的人不多,我们应为稼先庆幸!

练习与思考

1. 理解下列词语,运用其中5个词语,写一段有中心的文字。

　　可歌可泣　鲜为人知　鞠躬尽瘁　死而后已　当之无愧

　　锋芒毕露　家喻户晓　知人之明　马革裹尸

2. 阅读课文,体会作者的思想感情与文章主旨,画出每个部分的关键句并加以概括。

3. 本文运用了多种修辞方法,请举出二三例并加以说明。

4. 精读文中的三、五、六部分,仔细品味语言,并谈谈自己的感受。

虹桥卧波　心载长龙❶
——记世界桥梁大师邓文中
刘　攀

课文读导

桥，在诗人心中是情感的承载，在百姓心中是生活的通途，而在桥梁设计者的心中，却是人生的使命。每一座桥都是他们的孩子，每一座桥的背后，都有他们无尽的汗水和努力。本文以散文的形式介绍了桥梁设计大师邓文中先生，全篇从三个方面，运用多种修辞手法，塑造出了一个技艺精湛、爱国爱民的桥梁大师形象。桥，是他奉献终生的事业，也是他爱国之心的深沉表达。

阅读时，可通过小标题把握本文的行文脉络，体会人物的思想感情。在把握了文中的人物和事件之后，相信大家会对"不忘初心，方得始终"这句话有更深刻的理解。

在中国人心目中，"桥"一直绽放着别样的风采，游子叹息着"枯藤老树昏鸦，小桥流水人家"❷，文人感慨着"二十四桥明月夜，玉人何处教吹箫"❸，诗人回忆着"越州佳处无人会，那得桥乡兼醉乡"❹，小小一座桥，承载的是国人亘古不变的绵绵情义。2005年，茅以升❺桥梁委员会年会认定重庆为中国唯一的"桥都"，山城重庆成为中国桥梁最具代表性的城市。这里的桥千姿百态、风格各异，其中的经典之作便是在当时创下多个中国之最的菜园坝大桥，而这座驰名中外的大桥的设计者，便是世界桥梁工程大师——邓文中先生。

邓文中，美籍华人，工学博士，美国国家工程院院士，中国工程院外籍院士，国际著名桥梁建筑工程大师。邓文中先生先后主持和参与建造百余座世界经

---

❶ 选自2016年第1期《科学人物》。
❷ 出自元曲作家马致远创作的小令《天净沙．秋思》。
❸ 出自唐．杜牧的《寄扬州韩绰判官》：青山隐隐水迢迢，秋尽江南草未凋。二十四桥明月夜，玉人何处教吹箫。
❹ 出自陈从周《越州吟》："玉带垂虹看出水，酒旗招殿舞斜阳。越州佳处无人会，那得桥乡兼醉乡。"陈从周（1918—2000），浙江杭州人，闻名中国的古建筑园林艺术专家。
❺ [茅以升]（1896—1989），江苏镇江人，土木工程学家、桥梁专家、工程教育家，中国科学院院士，美国工程院院士。

典大桥,2000 年,被评为世界建筑工程界最具权威性的杂志《工程新闻报道》周刊"过去一百二十五年对建筑工程最有贡献的 125 位顶尖人物"之一,他为正在崛起的中国桥梁界做出了卓越贡献。

创新:源头活水,厚积薄发

《工程新闻报道》评价邓文中先生:"由于他创新的工艺,使大跨度混凝土桥梁的建造变得很简单。"邓文中先生十分重视创新在桥梁设计中的巨大作用,拒绝墨守成规才能在原基础理论上有所突破,新的时代呼唤着能体现全新力量的线条、全新速度的结构,作为世界斜拉桥❶和节段桥梁特殊结构的设计施工权威,他融汇结构、材料、空气动力、地震、水文、机械等多学科的先进理论和技术,获得了一系列创新突破:他开创和发展了桥梁工程理论,研究发明"拉索挂篮法",提倡"板式"桥梁;他率先设计了唯一全部用焊接法施工的大桥;他还首创以"加拱"的方法改造旧桥;他发表的百余篇专业论文,被桥梁界广泛引用。以美国北卡罗来纳州 Linn Cove 桥为例,由于该桥地处风光绝美的北卡罗来纳州国家公园风景区,为保护环境,投资管理方提出了诸多近乎苛刻的限制:桥梁不能影响人们游览,甚至不能破坏石头上长出的植物,因为据说植被要 100 年才能长出,甚至连桥墩也不能进去做。邓文中知难而进,他创造性地让工程人员从空中往下施工,人员和施工器材一律不放在地面。桥梁原由法国人设计,法方要求使用特殊机械,但需从法国运来,费用昂贵,邓文中应承包商要求对美国施工机械加以改良,设计出一种专用设备,既可做桥面,又可做桥墩,造价只相当于法国版的百分之二十。虽然困难重重,但邓文中带领团队接受了挑战,最终造出了这座世界最复杂的悬臂桥❷。

邓文中先生表示,创新是生活的动力,我们必须不断地进步,把生活的质量不断地提高。创新有多种表现方式,虽然发明也是创新的一个特例,但创新不仅指发明。创新是发展和改良,延伸传统的概念和方法使之更好;或是用基本的花费获得更多的价值。人们不必要把创新想象得遥不可及,其实,多一个想法、多一种运用都是一种创新。

在提倡万众创新、科技立国的今天,邓文中先生给广大学子上了生动的一课,创新一词并非遥不可及的天边之云,只要勤于动脑,勇于提出问题,学会挑战固有的想法和观念,就已经向创新迈出了第一步。当然,创新的前提是要有过硬的实力,有多年的科学文化积淀。这需要中国莘莘学子甘于埋首专心读书,忍受做学问的枯燥方能有所成。

淡泊:造桥为梁,不显其光

美国杂志《道路与桥梁》给邓文中先生的赞词为"The sun never sets on a ManChung

---

❶ [斜拉桥] 又称斜张桥,是将主梁用许多拉索直接拉在桥塔上的一种桥梁,是由承压的塔、受拉的索和承弯的梁体组合起来的一种结构体系。

❷ [悬臂桥] 桥身分成长而坚固的数段,类似桁梁式桥。悬臂桥每段都在中间而非两端支承。每段由河里同样的结构支撑着,使它得到平衡。各段相接的地方,有一个短短的墩距。

Tangbridge"(邓氏大桥永无日落)。这句话应该是对先生倾毕生之力推动桥梁建设大业发展的至高评价。然而,先生之志不在此,荣誉一词于先生早已司空见惯,无论是美国国家工程院院士、中国工程院外籍院士,还是美国哥伦比亚大学兼职教授,中国清华大学、同济大学、浙江大学等学府的名誉教授,邓文中所看重的,依旧是山中的狂风暴雨会对桥身造成怎样的不利影响,大江大河的波涛汹涌又会使设计发生怎样的变动,自己又如何用一座座桥联通世界的缝隙,让人与人之间的距离越来越短。

作为世界级的桥梁大师,邓文中先生可以申请许多国际级专利,但他在几十年的建桥生涯中,只申请了一项造桥的专利。尽管专利所带来的经济收入和社会回报是不可估量的,但邓文中先生认为,专利的申请往往会阻碍科技创新的步伐,对公众服务意义有限,故而一生只有一项专利。其对名利之淡泊,对社会发展之关切可见一斑。

邓文中先生创造出多项世界纪录,但他坚决反对仅仅为了创世界纪录而投入更多的人力财力。他主张桥梁工程师应当尽力设计出既能解决现实问题又能保证安全的结构,破一次世界纪录的价值要远低于造出一座外观美、质量高的桥,对于桥梁工程师来说,造桥本身给公众带来的方便快捷才是蕴含无穷意味的纪念碑。故此,邓文中喜欢将工程师的社会责任挂在嘴边,他说:"一位桥梁工程师如果不试图在每项设计中尽可能地进行改进,那么他就没有尽到工程师的义务。""造桥是百年大计,是为大家工作,使用公众的钱,为公众做事。"他为人就像他造的每一座大桥,画着简洁又壮阔的圆弧,善利万物而不争。

赤子:爱国之切,初心不负

邓文中先生 1938 年出生于广东肇庆❶,1959 年获得香港珠海学院土木工程学位后到德国进修,之后的数年间,他获得了达姆城工业大学的工学博士学位,学业完成后在美国开拓事业。虽少年离国,但是邓文中先生对祖国的关注和热爱从未因距离和时间而消退,一颗赤子之心、浓厚的故乡情结不断提醒他要为发展中的中国贡献自己的力量。

1978 年,邓文中先生开始自己创业,创立 DRC 工程咨询公司,1983 年创立 Contech 工程咨询公司。在之后的十年里,他开始寻找机会进驻中国,以期通过自己多年所学积淀将国外先进的管理理念及技术带到中国,推动中国桥梁工程的发展。正是在这个时候,西南重镇重庆进入了他的视野。重庆横跨长江两岸,又是两江交汇的交通要地,这样的一座城市,正是发挥桥梁优势的最佳场所。他的想法很快引起了相关部门的重视。1994 年,他回国创立了重庆达士工程事务所;1995 年美国的总公司与林同棪❷国际公司合并,邓文中先生任董事长兼技术总监。

邓文中先生对重庆的桥有着特殊的感情,几乎每年都要到重庆看看自己设计的桥

---

❶ [肇(zhào)庆] 肇庆市位于广东省中西部。
❷ [林同棪(yǎn)] 著名桥梁专家。

梁,"它们都是我的孩子,也都有自己独特之处,我们设计的石坂坡复线桥应该是在这个地区很适当的桥,菜园坝大桥是很苗条的桥,悦来桥是很漂亮的桥,乌江桥是很别致的桥,任何一座桥都是为当地量身定做的,如果把这些桥放到任何其他的地方,都不一定好看"。

在这些各式各样的桥中,菜园坝大桥是最经典、最惹人注目的一座。菜园坝长江大桥是一座桁架❶拱桥。方案设计时除了选择采用通透、清爽的桁架结构及具有创意的Y形刚构等,还对拱肋采用钢管拱还是钢箱拱做了慎重对比。为了不影响长江的秀气,最后采用了轻盈的钢箱拱。"一座成功的桥梁要满足'安全、实用、经济、美观'四项要求,每一项要求都有它的价值。"邓文中先生如是说。菜园坝大桥满足了各项要求,是一个非常成功的作品,目前该桥已经获得"詹天佑奖""重庆十佳创意建筑"等多项大奖。

2008年6月4日,邓文中先生从重庆市市长王鸿举手中接过了"重庆市荣誉市民"证书和证章。他表示,"现在是重庆的一分子,想为重庆再多做一些事情,多设计一些漂亮的桥梁"。热爱祖国,是一种最纯洁、最高尚、最强烈、最敏锐、最温柔、最缱绻的感情。邓文中先生虽已离国多年,但一颗赤子之心却一直系挂在这片生身之地。先生在异乡有所成就后便以扶持中国桥梁工程业为己任,所谓"凡三十年莫能止其心阻其志,唯有初心不负者方得始终"。桥,是他奉献终生的事业,也是他爱国之心的深沉表达。

练习与思考

1.通读全文,说一说作者分别从哪几个方面来写的邓文中先生。作者想表现邓文中先生什么样的思想性格?

_____

_____

_____

_____

---

❶ [桁(héng)架]一种由杆件彼此在两端用铰链连接而成的结构。

2. 作者在最后写道:"凡三十年莫能止其心阻其志,唯有初心不负者方得始终。"结合课文中的内容,谈一谈自己的看法。

_____
_____
_____
_____
_____
_____
_____
_____
_____
_____。

3. 本文提到了很多著名的桥梁,请查阅资料,讲一讲这些桥梁的特点和其背后的故事。

_____
_____
_____
_____
_____
_____
_____
_____
_____
_____
_____。

*邮差弗雷德①

马克·桑布恩②

> **课文读导**
>
> 弗雷德是美国邮政的一名普通邮差,从事着在别人看来枯燥无味的邮递员工作,但是他却用真诚的工作态度和卓越的工作成效感召和激励所有追求梦想的人:要实现由平凡到杰出的跨越,热情、责任心、人际关系以及创造性都是不可或缺的。
>
> 阅读课文,找出弗雷德为顾客服务的诸多细节,谈谈自己的体会。结合这些细节,思考自己在走上工作岗位后,该如何实现从平凡到杰出的跨越。

第一次遇见弗雷德,是在我买下新居——一栋老房子之后不久。房屋建成于1928年,我称之为"旧新房",地点在丹佛③的华盛顿公园,一个绿树成荫的小区。生平第一次,我有了属于自己的房子。迁入新居几天后,有人敲门来访,我打开房门一看,外面站着一位邮递员。

"上午好,桑布恩先生!"他说起话来有种兴高采烈的劲头:"我的名字是弗雷德,是这里的邮递员。我顺道来看看,向您表示欢迎,介绍一下我自己,同时也希望能对您有所了解,比如您所从事的行业。"弗雷德中等身材,蓄着一撮小胡子,相貌很普通。但尽管外貌没有任何出奇之处,他的真诚和热情却溢于言表④。

这真让人惊讶。我收了一辈子的邮件,还从来没见过邮递员做这样的自我介绍,但这确实使我心中一暖。

我对他说:"我是个职业演说家,这算不上真正的工作。"

---

① 选自《邮差弗雷德》(接力出版社2005年版),周玉军译。
② [马克·桑布恩] 美国职业演说家,作家。
③ [丹佛] 美国科罗拉多州首府,位于美国中西部。
④ [溢于言表](感情)流露在言辞、神情上。

"如果你是位职业演说家,那肯定要经常出差旅行了?"弗雷德问我。

"是的,确实如此。我一年总要有160到200天出门在外。"

弗雷德点点头继续说道:"既然如此,如果你能给我一份你的日程表,你不在家的时候我可以把你的信件暂时代为保管,打包放好,等你在家的时候再送过来。"

这简直太让人吃惊了! 不过我对弗雷德说,没必要这么麻烦:"把信放进房前的信桶里就好了,我回家的时候再取也一样的。"

他解释说:"桑布恩先生,窃贼经常会窥探住户的邮箱,如果发现是满的,就表明主人不在家,那你就可能要深受其害了。"

弗雷德比我还关心我的邮件! 不过毕竟,在这方面,他才是专家。

他继续道:"我看不如这样,只要邮箱的盖子还能盖上,我就把信放到里面,别人不会看出你不在家。塞不进邮箱的邮件,我搁在房门和屏栅门之间,从外面看不见。如果那里也放满了,我就把其他的信留着,等你回来。"

此时我不禁暗自琢磨:这人真的是美国邮政的雇员吗? 或许这个小区提供特别的邮政服务? 不管怎样,弗雷德的建议听起来真是完美无缺,我没有理由不同意。

两周后,我出差回来,刚把钥匙插进锁眼,突然发现门口的擦鞋垫不见了。我想不通,难道在丹佛连擦鞋垫都有人偷? 不太可能。转头一看,擦鞋垫跑到门廊的角落里了,下面还遮着什么东西。

事情是这样的:在我出差的时候,美国联合递送公司(UPS)误投了我的一个包裹,给放到沿街再向前第五家的门廊上。幸运的是,我有邮递员弗雷德。

看到我的包裹送错了地方,他就把它捡起来,送到我的住处藏好,还在上面留了张纸条,解释事情的来龙去脉,又费心用擦鞋垫把它遮住,以避人耳目。

弗雷德已经不仅仅是在送信,他现在做的是 UPS 分内应该做好的事!

他的行为使我震动。作为一个职业演说家,不管是在客户服务还是一般的业务中,我可以很容易地发现并指出服务质量上的问题。但要找到优秀的例子,甚至是稍堪称许的,都要困难得多。但弗雷德却是一个金光灿灿的例子,人性化的贴心服务正该如此,他为所有渴望在工作中有所作为的人树立了榜样。

由于弗雷德的榜样,我开始把他的事迹拿出来,在全国各地举行的演讲与座谈会上和听众一起分享。似乎每一个人,不论他从事的是服务业还是制造业,不论是在高科技产业还是在医疗行业,都喜欢听弗雷德的故事。听众对他着了迷,同时也受到他的激励与启发。

回到住地,我偶尔有机会转告弗雷德他的事迹如何激励着别人。我告诉他,有一位灰心丧气、一直得不到老板赏识的员工,写信给我说弗雷德的榜样鼓励她"坚持不懈",做她心里认为正确的事,不计较是否能得到承认和回报。

我还告诉弗雷德,在一次演讲之后,一位听讲的经理人员把我拉到一边,对我说他现在才认识到,原来一直以来自己事业的理想就是做一个"弗雷德"。他相信,在任何一个行业和领域里,每个人的奋斗目标都应该是杰出和优秀。

我很高兴让他知道,已经有几家公司创设了"弗雷德奖",专门鼓励那些在服务、创新和尽责上具有同样精神的员工。

有一次,有人竟然通过我的地址给弗雷德转寄了一盒家制的糕饼!

至于我本人,则希望以更正式的方式对弗雷德的杰出服务表示谢意。圣诞节临近的时候,我在邮箱里给他放了一份小小的礼物。第二天,我的邮箱里有一封不同寻常的信,上面贴着邮票,可是没盖邮戳。我看了一下回执,发信人是邮递员弗雷德。

弗雷德知道把未经邮局投寄的信私自放入邮箱是违法的。所以,尽管是他本人把信从自己家送到我的住处,他还是在信封上面贴上邮票,使其合法。

信的内容摘录如下:"亲爱的桑布恩先生,感谢你送我的圣诞礼物……你在演讲和座谈会上提到我,真使我受宠若惊。我希望自己能一直提供优秀的服务。你真诚的邮递员弗雷德。"

接下来的十年中,我一直受惠于弗雷德的杰出服务。一旦信箱里的邮件塞得乱糟糟,那准是弗雷德没有上班。弗雷德为这条街的住户服务时,我的信件总是捆扎整齐的。

在工作之外,弗雷德还对我有一份个人的兴趣。一天,我正修剪房前的草坪,街上的一辆汽车减慢了速度,车窗摇下来,一个熟悉的声音喊道:"嗨!桑布恩先生!这次出差还好吧?"

是弗雷德,工作之余,开车在小区中兜风呢。

一直到今天,我也无法说清,弗雷德的动力究竟来自何处。我知道,额外的优秀服务并未给他带来更高的收入;我猜测,他也没有因此得到雇主的特别赏识或提拔(如果有,我也从没听说)。据我所知,他也没有私下参加过任何特别的培训或激励计划。

我能确定的一件事是:弗雷德和他工作的方式,对于21世纪任何想有所成就、脱颖而出的人来说,都是一个最适用的象征。真理是可以传播的,我从弗雷德身上学到的四条原则,对于任何行业中的任何人,都是适用的。

任何人都可以成为弗雷德,包括您!

练习与思考

1. 有时候,细节往往决定成败,从课文中筛选、概括弗雷德为顾客提供服务的细节,说说自己从中受到哪些启发。

2. 弗雷德身上体现出的职业品格是多方面的,你能从弗雷德身上学到什么?用精练的语言总结几条,并做简单阐释。

3. 课文节选自一本美国2003年通俗财经类畅销书,这本书也是全球500强企业员工的必读书。找出全书来读一读,就其中自己最感兴趣的章节与同学交流。

** 雀儿山的守望者[1]

课文读导

一个平凡的人,在一个普通的工作岗位上,做出了许多不平凡的事,他就是雀儿山五道班的养护工人陈德华,他被大家称为"雀儿山的守望者"。他的事迹,被人称颂,令人感动,更值得人学习。

整体感知本文,通过阅读,把握文中的人物和事件,用心感受陈德华的工作环境和工作态度,感受陈德华坚韧、善良、乐于助人、勇于奉献的高贵品格。

参照陈德华,对比自己,我们领悟到了什么?

雀儿山位于四川省甘孜藏族自治州德格县境内,属沙鲁里山脉北段,最高峰绒麦俄扎6168米。举世闻名的川藏公路像一条金色的哈达飘落在雀儿山上,将祖国的西藏同全国各地紧紧地连在一起。四川省甘改公路养护总段雀儿山五道班[2],从1954年建班至今已经55年,道班驻地海拔4889米。由于该地区终年冰雪不断,乱石林立,草木不生,曾被外国学者称为"生命禁区"。

1983年,25岁的藏族青年陈德华,从父亲手中继承了公路养护事业,来到雀儿山五道班当养路工,他立志"以养路为业,道班为家,艰苦为荣,助人为乐,不畏高山缺氧,不怕艰难险阻,扎根高原养好路,甘当四化铺路石"。他和无数的养路工一样,像一颗颗朴实无华的铺路石,镶嵌在川藏公路上,为祖国西南边疆的繁荣和稳定,默默无闻地奉献。他们平凡而又伟大的业绩,却早已在川藏线上广为传颂。

---

[1] 选自"四川百科信息网",迷离樱花泪编辑。
[2] [道班] 指过班道员,铁路和公路养路工人的组织,每班负责一段路的养护工作。

艰苦奋斗养好路

要养好雀儿山的公路,可真不容易!

公路是1951年,解放军十八军进军西藏,限期抢修通车的。公路技术等级低,线形差,路基狭窄,陡坡急弯一个接一个,危害极为严重。在雀儿山修路难,养护更难,山上到处沟壑❶纵横,怪石林立,根本找不到采备养护材料的地方,一年的养护黄金季节还不到四个月。

更艰难的是雀儿山的生存环境十分恶劣。这里缺氧、缺水、缺柴、缺菜,空气含氧量只有低海拔地区的50%,年平均气温-18℃,最低气温达到-40℃,每年冰冻期长达八九个月。山高风大飞沙走石,六级以上大风每年要刮五个月左右。就是在冰消雪化的季节,气候也变化无常,时而狂风呼啸,席卷沙石满天;时而暴雨倾盆,冰雹浓雾迷漫;真是"一天有四季,十里不同天"。工人中流传着这样一句顺口溜,"雀儿山,风吹石头跑,四季不长草,一步三喘气,夏天穿棉袄"。恶劣的自然条件,连茫茫高原上生命力极为顽强的动植物,在雀儿山也难展生机。人们常说"山高水高",可在雀儿山上却找不到河沟与溪流,生活用水十分困难,冬天全靠采冰雪化水,夏天,冰雪消融,又得到十多公里以外的山下拉水吃。往往是一盆水洗菜、洗脸又洗衣,真是吃水贵如油。山上草木不生,煮饭和取暖用的柴火也得到山下几十公里的地方去采运。一年四季很难吃到新鲜蔬菜,一些好心的驾驶员从内地带点蔬菜上山来,要不成了"干菜",要不冻成"冰棒",常常是一勺豆瓣一顿饭,一把食盐一锅面。由于长期缺少人体必需的维生素,五道班的同志们常常嘴皮开裂,指甲变软,牙齿松动,头发脱落。由于高山气压低,水烧到76℃就沸腾了,饭菜都是夹生的,吃下去常闹肠胃病。

艰巨的工作任务,恶劣的生存环境,艰苦的生活条件,并没有难住陈德华。从小受父辈影响和教育,在藏区长大的他,深知川藏公路是毛主席派来的金珠玛米——解放军,为北京和拉萨之间架设的一座"金桥",是藏区人民的生命线。他常说:"解放军能在这里献身,我们就能在这里生存,就能在这里把路养好。"1988年他担任班长以来,带领全班同志,以中国人民解放军十八军进藏、为抢修雀儿山公路而牺牲的烈士——张福林为榜样,继承和发扬老一辈养路工"艰苦创业,自强不息,无私奉献"的精神,在平均海拔近5000米的公路上,早出晚归,辛苦劳动。饿了,啃几口干硬的馒头;渴了,抓把雪塞在嘴里。养护用料跟不上,他们就地取材,开山炸石,填补坑函❷车槽,调整路基,用方耙❸、甚至用手从路边的岩缝中掏养路材料加铺路面。手冻僵了,吹上几口热气,暖一暖;皮磨破了,贴上胶布继续干。

---

❶ [沟壑(hè)]溪谷,山涧。
❷ [函(dàng)]塘,水坑。
❸ [耙(bà)]把土块弄碎的农具。

五道班有一处路段,岩高坡陡、弯急路窄,驾驶员称为"老一档",特别在冬季,车辆行驶到这里,稍有不慎,便会车毁人亡。1991年,陈德华带领五道班的同志们,奋战30多天,采取加宽路基,降坡改弯,修筑挡墙等措施,改变了"老一档"的旧貌。近几年,在他的带领下,五道班共改善路基,加宽路段19处,长1500米,累计土石方工程量5100余立方米。每年还要清除冰雪、坍方❶ 2500多立方米,近几年好路率达到80%。难怪有人说:雀儿山的公路,是道班工人用血和汗铺平的。

勇挑重担保畅通

每年雀儿山降雪期八九个月。冬春季节,是雀儿山公路冰封雪阻的时候。漫天的暴风雪像脱缰的野马,下个没完,公路上积雪深度在1米以上,道班房的门被大雪封住,陈德华和工人们只好从窗口爬出来,去推雪开路,救护车辆。有时甚至要冒着零下40℃的严寒和暴风雪,用自己的身躯作路标,一步一步地引导车辆过山。就这样,仍不能解决冬季过山车辆会车的困难。往往是一台车抛锚,被堵的车上百辆,交通事故也时有发生。为了改变雀儿山冬季行车难、事故多的现状,陈德华和三道班、六道班的职工一道,经过大量细致的调查和论证,积极向上级主管部门建议:"在雀儿山实行冬季交通管制,车辆单向放行,减少交通事故,确保公路畅通"。这一合理化建议很快被采纳,每年1月至4月,实行冬季交通管制。陈德华及雀儿山的养路工人们主动放弃与家人团聚的机会,挑起了交管重任。他担任道路防滑组长,带领大家推雪除雪,打冰防滑,排除道路险情,维护交通秩序,救助抛锚车辆,保障车辆安全过山。

陈德华原定1991年元旦结婚,为使首次交管成功,他对父母和未婚妻说:"我是党员、班长,要群众做到的,自己首先要做到,带好头"。他说服了父母和未婚妻,第三次推迟了婚期。冬季交管的五年里,他放弃了元旦、春节回家团聚的机会。他的妻子是一个普通的藏族小学教师,远在140多里的乡村任教,不忍心丈夫年年一个人在雀儿山上过节,1993年春节毅然带着幼小的儿子来到雀儿山五道班。大年三十,交管回班的陈德华,见妻子带着儿子,备好了团年饭,这位雀儿山的硬汉,顿时泪水模糊了双眼,紧紧地拥抱着妻子。

1995年3月上旬,连降大雪,雀儿山公路随时都可能因雪灾而断道。陈德华亲自驾驶推雪机,带领工人推雪除雪,连续奋战四天四夜,保证了公路的畅通和车辆安全过山。

交通管制前,驾驶员把冬季过雀儿山比作闯"鬼门关",有的驾驶员还要到庙里烧香拜佛,求神保佑,却难保一路平安,翻车死人的事仍有发生。交通管制后,是雀儿山像陈德华这样普通的养路工,以科学严谨的作风,无私无畏的精神,保证了过往车辆和人员的安全。驾驶员亲切地赞叹他们:"雀儿山的路危险,雀儿山的人保险。"

---

❶ [坍(tān)方] 路基、堤坝和河岸等边坡或山坡的坍塌现象。

无私奉献情意浓

高高的雀儿山,常有过山车辆抛锚,旅客受阻。恶劣的自然条件,引起驾旅人员高山反应,一些人胸闷气紧,头痛眩晕,呼吸困难,常有人缺氧休克,生命危在旦夕。遇上这种事,陈德华和五道班的同志总是用热情和爱心,向他们送去温暖,为病人端茶送水,送衣送药。当这些接受过救助的人感谢他时,他总是平淡地说:"助人为乐,排忧解难,是高原养路工应尽的义务"。虽然雀儿山生活用水、烧柴都非常困难,日用生活品也来之不易。可是,为了让过往驾旅人员有水解渴、取暖防寒、烧菜做饭,他们却毫不吝啬。有留宿的人员,他们总是主动让房让铺,而他和工人们有时抱件大衣睡在学习室,有时干脆坐在火炉旁烤火过夜。一位从四川到西藏去的同志病倒在雀儿山上,受到陈德华和五道班同志们的热情接待,精心照顾。离开时,这位同志两眼满含泪水地说:是你们救了我的命,今生今世,难忘雀儿山的护路人。仅1994年一年,雀儿山五道班就救济遇险、抛锚的车辆250多台,接待驾旅人员700多人次。

1990年3月27日,天上下着鹅毛大雪,新龙县的一辆车翻车坠入雀儿山岩下750米处,造成3人死亡、1人重伤。陈德华同志知晓后,立即带领大家赶到现场,帮助救护伤员。他们一个个头发上、身上都结了冰凌,却一声不吭地干了6个多小时。后来,死者家属在感谢信中说:雀儿山的养路工,真正体现出人间真情,这种救死扶伤的精神,是藏汉民族团结的象征。

1992年5月的一天,一辆满载木料的东风货车,行驶至距雀儿山五道班300米处,突然滑向公路外边坡,下面是悬崖绝壁,弄不好就有车毁人亡的危险。陈德华同志立即带领大家,帮助驾驶员稳住汽车,卸下木料,挖除积雪,将汽车推上公路。尽管汗水湿透了他们的内衣,一个个滚成了"雪人",却避免了一起可怕的车祸。驾驶员临走时,无比感激地说:五道班的同志是我的救命恩人!并从怀里拿出一沓钞票,塞到陈德华手里。陈德华说:我们不是为了挣钱!钱,我们一分也不收,这是我们应该做的。像这样的事例,举不胜举。

凡是从雀儿山过往的驾旅人员,或者是到过雀儿山的同志,都亲切地称陈德华和五道班工人,是雀儿山的"铺路石、保护神、驾旅人员的亲人……",这些亲切的称呼和那挂满墙面的锦旗、奖状,足以证明雀儿山五道班的养路工,有一种崇高的理想和坚定的信念,这就是全心全意为人民服务的精神。

练习与思考

1. 课文围绕陈德华写了那几件事情?从这些事情中可以看出陈德华的哪些性格?从陈德华身上,我们获得了哪些启示?

2. 按小标题阅读课文,选出你最喜欢的部分复述,并谈谈自己的感想。

3. 如何理解课文标题"雀儿山的守护者"的含义?

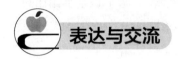

口语交际——接待

接待,即招待,是指对宾客或顾客表示欢迎并给予应有的服务。它是人们日常生活和工作中经常涉及的礼仪活动和迎接招待来访者的一种口语交际形式。

接待可分为当面接待、电话接待。

（一）案例

【案例一】

一天,南京某四星级饭店前厅部预订员小夏接到美国客人霍曼从上海打来的长途电话,想预订每天收费180美元左右的标准双人客房两间,住店时间6天,3天以后来饭店入住。

小夏马上翻阅预订记录,回答客人说3天以后饭店要接待一个大型会议的几百名代表,标准间已全部预订完,小夏讲到这里用商量的口吻继续说道:"霍曼先生,您是否可以推迟3天来店?"霍曼先生回答说:"我们日程已安排好,南京是我们在中国的最后一个日程安排,还是请你给想想办法。"

小夏想了想说:"霍曼先生,感谢你对我的信任,我很乐意为您效劳,我想,您可否先住3天我们饭店的豪华套房,套房是外景房,在房间可眺望紫金山的优美景色,紫金山是南京名胜古迹集中之地,室内有我们中国的传统雕刻的红木家具和古玩瓷器摆饰。套房每天收费也不过280美元,我想您和您的朋友住了一定会满意。"

小夏讲到这里,等待霍曼先生回答,对方似乎犹豫不决,小夏又说:"霍曼先生,我想您不会单纯计较房价的高低,而是在考虑豪华套房是否物有所值吧。请告诉我您和您的朋友乘哪次航班来南京,我们将派车来机场接你们,到店后,我一定先陪你们参观套房,到时您再作决定好吗?我们还可以免费为您提供美式早餐,我们的服务也是上乘的。"霍曼先生听小夏这样讲,倒觉得还不错,想了想欣然同意先预订3天豪华套房。

【评析】

这是一则电话接待的案例。在本案中,小夏在接待客人来电预订房间的整个销售过程中,做得很到位,体现了一名前厅服务员应具有的良好的综合素质,主要表现在以下几个方面:

（1）接待热情、礼貌,反应灵活,语言得体规范,做到了无"NO"服务。在接收霍曼先生电话预订的过程中,为客人着想,使客人感到自己受到重视,因而增加了对饭店的信任和好感。

(2)在推销豪华套房的过程中,采用的是利益引诱法,即严格遵循了饭店推销的是客房而不是价格这个原则。因而在报价中报价委婉,采用了"三明治式"报价方式,避免了高价格对客人心理产生的冲击力。

(3)积极主动。在销售过程中,小夏语言亲切,自然诚恳,善解人意,反应灵活,而且还运用了心理学知识,提供了针对性服务,办事效率高,体现了其良好的思想素质和优秀的业务素养。

【案例二】

李静是某公司办公室的行政助理,这天一上班,公司总经理顾民交代她,港商罗总马上来公司洽谈IJ项目合作事宜,"我先去会客室,先在那里准备准备,你去一楼接他,他来了就要他直接过来。"

李静去了一楼。罗先生她认识,来公司也不是一次两次了,去年夏天在深圳王子餐厅罗先生请顾总吃饭,当时他一身绿色的行头,让顾总乐了好长一段时间。罗总到后下了车,今天的穿着也很鲜艳,是橘色系列的装扮。小李迎了上去,却紧张得找不到合适的词,一着急,把顾总的原话搬了出来:"顾总现在在会客室,他要你直接过去。""要我过去?"罗总看着李静,一点也没有开玩笑的意思,"那要他来我住的宾馆谈吧!"李静听出来了,罗总的"要"字咬得特别重。

【评析】

这是一则当面接待的失败案例。李静因为接待语言的不恰当,导致了罗总不高兴。在这里,李静应该这样说:罗总,一路辛苦了,欢迎您到我们公司,顾总有些紧急的事情需要处理,一时走不开,他要我向您表示歉意,我现在带您去会客室,您这边请!

(二)接待技巧

接待是日常生活和工作中经常涉及的礼仪。接待态度、服装打扮和说话技巧都会影响接待水准。那么,我们在接待中应该掌握哪些技巧呢?

1. 客人到来,要热情欢迎

客人到访时,必须站起来向到访者说声:"欢迎!"如果正忙于其他重要事情,应先向客人说明情况:"您好,请您稍等一下,我弄好这件事之后,马上为您服务!"当你清楚来访者的公司名称及姓名后,便向宾客说一声:"请稍等一下,我立刻通知×××先生(或女士)。"迅即与有关人员联络。

2. 与客人谈话时要自始至终表现出热诚、关注

交谈中,不仅要认真倾听客人的谈话,还要对其谈话内容做出反应,或点头微笑,或间以插话。即使客人说话时间太长,甚至离题太远,也不应该表现出不耐烦的情绪。同时,对重要问题还应做好记录。

3. 应了解客人意图,具备与各类客人即兴交谈的本领

(1)语速与音量要根据来访者的年龄和表情达意的需要而定。与老年人交谈要用较慢的语速、较大的音量,能使对方产生被尊重感。与同龄人交谈,要根据个人表情达意的需要,正确运用好语速和音量。

(2) 选词用句要根据来访者的文化水平、理解能力而有所不同。与文化水平较高、理解能力较强的人交谈,要讲究语言的文采,讲究哲理;与文化水平不高、理解能力较差的人交谈,语言要通俗,尽量多用口语,不讲理论高深的话,要多举对方能理解的实例来说明。

(3) 说话语气要依来访者不同目的而异。对前来求助的客人,接待员应体谅对方心情,站在客人的立场说话,语气要平和,给客人一种亲切感和信任感。即使你认为无能为力,也要给对方留一线希望。你可以说:"您先别急,一旦有办法,我就打电话告诉您。"与前来研究问题、商量工作的客人交谈,宜采取征询、商量的语气,如:"您看这样行不行?""您对这个问题的看法是……"。与前来提供信息的客人交谈,应采用感叹语气,以表达感激之情,如:"非常感谢!您提供的信息太有价值了!""您可真帮了我大忙了,谢谢您!"

(4) 谈话内容要真实可信,对情况的介绍要实事求是。一定要坚持诚信为本的原则,不能为了尽快打发对方而随意应承。对客户不了解的情况,要实事求是地做好解释工作,如:"由于这是技术复杂的产品,我们必须送到专业部门检修,具体时间我们不能答复您。"对不清楚的问题,应先了解清楚再具体答复。如有承诺,必须兑现。

(5) 注意营造和谐的谈话氛围。同时接待几位客人时,首先要介绍客人之间相互认识,并设法让他们愉快地进行交谈。如果出现冷场,应主动引出大家共同感兴趣的话题,使交流不至于中断。对处于谈话边缘,遭到冷落,接不上话的客人,要主动与其攀谈,慢慢将其拉入客人们的谈话圈子。

4. 客人离开时,要热情话别

客人离开时,要主随客便,由客人率先提出来。

练一练

1. 一位与你父亲有着商务往来的客人,在与你父母未预先联系的情况下,到你家拜访你的父母,恰逢你的父母不在家。现在你作为主人,该如何接待?请设计接待过程中的对话和接待过程中应表现的礼仪行为。

2. 刘经理在接待一位临时到来的重要客人前,招呼办事员小朱说,在他接待这位重要客人期间,一律不接听外来电话、不再接待其他客人。可当刘经理和客人进入公司接待室后不久,小朱就接到了一位客户的电话,要找刘经理商洽重要的商务事宜,并说已与刘经理约定好了。电话接听者小朱应该如何处理这次电话接待,请设计接待过程的对话。

应用文——请示

(一)文体知识

请示适用于下级向上级机关请求指示、批准事项。请示属于上行文。

请示包括以下主要类型:

(1)请求指示的请示。这类请示多涉及政策上、认识上的问题。

(2)请求批准的请示。这类请示多涉及项目、人事、财务、机构等方面的具体问题。

(3)请求批转的请示。也叫呈转性请示。它用于向上级机关请示批准所提工作意见并要求予以批转或转发的,这类请示应附完整的工作方案。

请示的适用范围和涵盖内容广泛,各级各类机关、群众团体、个人均可使用。请示必须坚持"一文一事"的原则。要严格按照隶属关系逐级行文,不能多头主送,也不能主送给领导者个人。

(二)写作方法

请示由标题、主送机关、正文和落款等部分构成。

1. 标题

请示的标题一般包括三要素,即发文机关、事由、文种,如《××大学关于增设艺术设计专业的请示》。

2. 主送机关

只能写一个主送机关,不能多头请示。主送机关名称可写全称,也可写规范化简称。受双重领导的部门,在向上级报送请示时,只能主送给一个上级机关,可将另一个上级机关列为"抄送"。

3. 正文

请示的正文一般由请示原因、请示事项和请示结尾三部分组成。原因是行文重点,要交代请示事项产生的背景、原因,阐述请示的理由和依据。请示事项是行文的落脚点,必须写得具体明确。一些重要、复杂的事项,涉及人、财、物的事项,要附上必要的附件材料,如有关证据、款物明细表、有关文字材料等,以便上级机关决策、留存。结尾另起一行,用"以上请示当否,请批复"或"妥否,请批示"等惯用语结束全文。

4. 落款

写明发文机关和成文时间。

(三)写作范例

【例文一】

<h3 style="text-align:center">黑水镇人民政府关于修建通村公路的请示</h3>

县人民政府：

　　我镇现有友好、黑水、新生三个村没有完全实现通村公路建设。为了推进新农村建设的需要，解决群众出行难的问题，镇党委、政府准备在这三个村修建通村公路15公里，分别为友好6公里，黑水5公里，新生4公里。相信三个村通村公路修完后，会使我镇村级公路等级水平得到提高，为推动我镇经济发展起到积极的作用。

　　以上请示妥否，请批复。

黑水镇人民政府(印章)
2012年9月3日

【评析】

　　这是一份请求批准的请示。交代了请示事项产生的原因，说明了修建通村公路的重要性，强调了公路修成后的积极作用，有理有据，简明扼要。

【例文二】

<h3 style="text-align:center">长白朝鲜族自治县
关于修建长白至松江河公路的请示</h3>

市人民政府：

　　我县位于长白山南侧，鸭绿江上游，境内山峦纵横，只有一条240公里的山区公路与内地相通，是一个交通闭塞、非常偏僻的高寒山区。由于交通不便，丰富的资源得不到充分开发和利用，影响了地方工业的发展，使我县的经济长期处于落后状态。为了加强边疆经济建设，适应四个现代化的需要，我县亟须再修一条与内地相通的公路。为此，今年10月5日至9日，由县委和县人民政府两名同志带领有关人员，采取边看边与沿途有关单位座谈的方法，踏查了长白——横山林场——漫江——松江河公路的走向，基本上搞清了这条公路的概况。从踏查情况看，长白至松江河路线全长只有131公里，比长白至临江公路缩短109公里，而且弯路少，坡度小，线型平顺，地质条件好。长白至松江河方面已有107公里的林业运材道可以利用。所以，修建这条公路具有投资少、见效快等许多有利条件。具体情况是：由长白镇0公里至5公里处，是1978年新改建的国家标准四级公路，永久式桥涵，就当前和今后一定时期的交通运输量来看，可以满足需要。……

　　修建长白至松江河公路，对我县还有重要的经济意义和政治意义：

　　一、提高了车辆周转率，加快了货物运输。……

　　二、节省汽油，降低运费。……每年可节省汽油和运输费用共计：××万元。

　　……

根据上述情况,我们呈请将修建长白到松江河公路列入计划,19××年给投资××万元,修建新开路段,初步达到全线通车;19××年投资××万元,对两段58公里路面加宽改造,达到三级公路。

以上请示当否,请批示。

长白朝鲜族自治县
19××年×月×日

【评析】

上述"请示"体式规范、理由充分、预算清楚、要求明确,具有说服力。

(四)文种区别

请示与报告的区别:①行文目的、作用不同;②行文时间不同。请示需事前行文,报告一般在事后或者工作过程中行文;③受文机关处理方式不同。请示属办件,收文机关必须及时批复。报告属阅件,收文机关可不行文作答。④写作侧重点不同。报告只汇报工作情况,一文一事、数事皆可。但不能夹带请示事项。请示中所陈述的情况只是作为请示的原因,其重点依然是请示事项,而且必须一文一事。

练一练

一、选择

1.某政府职能部门针对某方面的问题,提出了改良措施,但需经上级机关批准并由其帮助实施这些措施,这时该部门向上级行文,应选用的文种是(   )。

  A.请示   B.报送报告   C.呈转性报告   D.通报

2.以下标题正确的是(   )。

  A.××省委批转××市委关于帮教失足青少年工作情况的请示

  B.关于请求回答调资工作中几个问题的请示报告

  C.农业厅关于请求解决农垦系统中小学教育经费问题的报告

  D.国务院办公厅关于进一步做好房地产市场调控工作有关问题的通知

3.写"请示"应当(   )。

  A.集中写几件事   B.本机关职权范围内可以解决的事

  C.一文一事   D.与报告一起写

二、改错

指出下面这则请示存在的问题,并加以改正。

请示报告

局领导:

我们处2005年已经购买过八台联想计算机,多年来一直不停地使用,今年已经很明显不能使用了,致使我们的工作效率无法提高,所以必须重新购买一些计算机。为此,要求局里拨款十二万元,打算购买十台计算机和数量相当的打印机。无论如何,望批准购买。

另外,财务科的保险柜密码锁也严重失灵,不太安全,应该更换新的保险柜,请顺便追加拨款四千元,请一并批准。

××处

2010年9月20日

三、写作

以下列材料为素材,拟写一份请示。

××农村技术师范专科学校一幢500平方米的砖木结构家禽养殖实验楼,由于年久失修,楼板和梯子被损严重,而且出现了倾斜现象,已经成为危房,对这种情况,教师、家长的意见很大。为了杜绝事故发生,急需对实验楼进行修建。经初步预算,需修建费30万元,请求市教育局批准将工程项目列入2011年基建项目,并拨给所需费用。

语文综合实践活动

接 待 客 户

——大型会议模拟主题活动

活动目的与任务

1. 让学生了解接待流程,学会接待礼仪,展示良好的个人素质和职业素质。
2. 培养学生的沟通、合作能力。

活动流程

一、策划准备(分组活动)

1. 拟写活动提纲,要求内容要有目标性和针对性。
2. 学习接待礼仪。
3. 确定扮演角色。

二、接待流程(分组活动)

1. 邀请。

2. 接待准备。

3. 迎宾。

4. 交通礼仪。

5. 会见。

6. 宴请。

7. 送别。

三、小组互评

1. 各小组分别呈现完整的接待过程后,进行教师评价和小组互评。

2. 各小组撰写总结,归纳优点和缺点并提出改进方案。

第三单元　创新与发展

单元导语

随着社会的进步,科技的发展,我们的生活正在发生着日新月异的变化。科技创新为我们的生活带来了更多的便捷。

本单元"阅读与欣赏"部分选取的四篇课文都是从科技创新为生活带来的发展变化这个角度来写的。《百年时尚话汽车》一文展示了汽车初入中国的历史,通过围绕汽车而展开的小故事,揭示了由汽车发展所引发的生活变化;《你好,请松开方向盘》一文描述了现代高超的无人驾驶技术给人类生活带来的超凡体验;《走向未知的世界——纳米》一文介绍了纳米技术以及神奇的纳米材料带给人类生活的巨大改变;《虚拟 OR 现实——大话虚拟现实和增强现实技术》一文介绍了在我们目前生活中已经初露头角的 VR 与 AR 技术,告诉我们通过科技创新,虚拟和现实是怎样结合在一起的。可以想象,在众多高科技创新发展的大背景下,我们的生活将会越来越丰富多彩。

本单元"表达与交流"的口语交际部分的教学内容是"洽谈、协商","应用文"部分的教学内容则安排了"总结"。

本单元安排的语文综合实践活动是"模拟商务洽谈",以达到调动学生学习的积极性,拓宽学生的知识面和思维视野,培养学生的实践能力的目的。

百年时尚话汽车❶

刘新平

课文读导

　　一百年来,汽车一直是时尚的引领和象征。文章以我们熟知的汽车这一事物作为主题,通过一个个生动有趣的故事讲述既往的"时尚",
　　记录了历史,记载了生活,令人回味和思考。了解汽车初进中国时所展现出的千姿百态的社会生活,把握行文特色,品味文章幽默风趣和明白晓畅的语言。

初见汽车这一怪物

　　民国时期,汽车已经开始流行。

　　那时,汽车不仅是财力、身份和地位的象征,更是富家子弟外出休闲的时尚工具。不过,在一般百姓眼中,汽车实在还是件稀罕之物。蒋经国在其抗战期间所写的日记中,就曾记载过这样一件事:"走了不久,因为戈壁滩上气温很高,汽车中的水太热,需要更换,找了半天,才找到一户人家。我们向他们要水,他们非常慷慨,立刻就拿出来给我们,当我们把汽车中的热水放出来的时候,那家里的妇人笑着说:这只黑牛也会小便的?"

　　其实,别说是乡野里的村妇,即使是大城市里的人们,对于汽车,依然也是陌生和感觉极为新奇的。

　　资料记载:1926年夏天,成都一家公司从上海买回来一辆英国产的四座奥斯汀小汽车和八辆1.25吨的福特汽车。这一消息立刻轰动了整个成都。在公司举行试车大典那天,成都几乎是万人空巷❷,大家争相跑到试车地点看新鲜事。当汽车发动、车轮飞转、场地上尘土飞扬的时候,围观者被彻底震惊了,他们称汽车开行是"洋房子走路,轿子打屁"。据说这两句话、九个字,后来还成了上海人笑话成都人老土的说口。

　　在全国各个城市中,上海当然是大户。但刚开始的时候,上海人也和成都人一样

---

❶ 选自《财会月刊》2003年第3期。
❷ [万人空巷]多用来形容庆祝、欢迎的盛况或新奇事物轰动居民的情景。

"老土"。1901年,上海才第一次有了小汽车;1908年有了有轨电车;1914年,无轨电车通车,而出租汽车是1908年出现的。人们在上海的大街上见到的第一辆小汽车,是由匈牙利人李恩时从德国买来的一辆外形与敞篷马车相似的奔驰第二代汽车。当李恩时将汽车开到大街上时,引起巨大轰动,人们纷纷争睹汽车,有胆大的上前触摸,李恩时猛摁喇叭与其开玩笑,喇叭发出刺耳的鸣叫,吓得围观者夺路而逃,李恩时更为来劲,一踩油门,汽车发动起来,越跑越快,在当时人们的眼中,像飞一样。凡看到这一景观的人,几天都平静不下来,到处说给没看见的人听。

由此可见,总爱笑话外地人"老土"的自认为聪明绝顶的上海人,在汽车刚刚引进的时候,其表现也不怎么样。

不过,上海的汽车发展速度之快,还是颇令人惊奇的。民国初的1912年,上海拥有的各式汽车是1400辆。你或许无法想象,就在一年前,全上海的汽车加起来也不会超过300辆。也就是说,仅仅一年的时间里,上海的汽车总量增加了近四倍。

确实,除了上海,二三十年代汽车在内地省份的使用率还不是很高。在北京,虽然20世纪初慈禧太后就过了一把坐汽车的瘾,摄政王还成了中国历史上第一个拥有自备汽车的皇族成员,但汽车总量与上海相比,还是少得可怜,大约是因为北京的马路太逼仄❶,只适合于轿子和马车通行罢。

1914年元旦,窃位后的袁世凯以"中华民国大总统"的名义,在北京举行招待会,前来参加的各国驻华大使及夫人,包括其他中外名人,大多乘马车而来,鲜有乘坐汽车者。北京与上海的反差之大令民国政府的许多要员颇为不满。当时政府的交通部长好像也承受了不小的压力。不久,北京的马路开始改进,汽车也渐渐增多。据说有一次曾经一

---

❶ [逼仄(bīzè)]狭窄。

下子就运来了数百辆汽车。有人开玩笑说:毕竟是天子脚下,干什么都充满了皇家气派。

在"充满皇家气派"的北京,汽车很快就成了时髦、时尚的玩意儿,什么奔驰、道奇、雪佛兰、奥斯汀、福特等等,在北京的街面和马路上往来驰骋,让那时的人们看花了眼。

开汽车的时髦男女

开汽车的人当然都是些时髦男女。

那时,拥有一辆小汽车成为领导时尚的标志。相比之下,曾经风光一时的黄包车、马车,不免显得太寒酸了。有报纸报道说,一些爱慕虚荣的女学生去看电影,如果没有汽车来接,即使自家有黄包车也不坐,非得打电话到汽车出租行订一辆汽车。

20世纪20年代末,上海的一家杂志曾登载过一篇纪实体的长篇社会新闻报道,说有一个女中学生,极其爱慕虚荣,父亲是普通的职员,薪水不高,而母亲则是挣不了一分钱的家庭妇女。她的下面,还有几个正在读小学的弟弟妹妹,但这些却一点儿都不影响她赶潮流、追时髦。

汽车开始成为时髦,她人生的悲剧也就拉开了帷幕。

她的一些大户人家的同学每次乘坐家里的汽车来电影院时,见她依旧是坐黄包车,就都劝她回家动员自己"做大买卖"的父母买汽车,还向她宣传坐汽车的种种好处。她说自己很快就会让父母买一辆。

一天放学后,一个女同学跑来告诉她,说晚上大华电影院有美国电影放映,大家约好了一起去看,某点某分在电影院门口集中。

晚上,她乘坐从出租车行租来的一辆新道奇,赶往大华电影院。

她从同学们的钦佩的目光中获得了虚荣心的满足,后因真相暴露无地自容而悬梁自尽。

这件事曾经被当地的报纸大肆炒作过。毫无疑问,这是一个悲剧,而且意味深长。它至少说明了这样一个事实:像汽车这样的高档消费品,从来就只能是富家大户和高官大吏的专利。有无数的论据可以佐证这一论断。

汽车牌号之争

民国初年,上海工部局为了便于管理越来越多的私人汽车,决定于1910年颁发私人汽车牌照,号码是从1号到500号。结果,宁波籍的商人周湘云捷足先登,拿到了1号车牌,而在上海鼎鼎大名的大资本家哈同只拿到了2号车牌。

哈同心有不甘,便想用2号车牌去换周湘云的1号车牌,并许诺要补偿一大笔钱给周湘云。但周湘云也是个有钱的商人,对面子就看得很重,所以,他根本不买哈同的账。哈同毕竟是上海滩第一阔佬,他相信"有钱能使鬼推磨"的道理,于是就重金雇了一帮流氓,还放出风去,说只要周湘云的汽车敢上街,就一定抢下他的车牌。"如果将来要打官司,我最多赔他点钱。"哈同对朋友说。朋友又将哈同的话转达给了周湘云,周湘云一筹莫展了。他虽然有钱,但论财力,论势力,他与哈同之间还有很大的距离。

不过,他又绝不愿意就此认输。惹不起,躲得起——周湘云从此将自己的宝贝1号车藏在家里,再也不敢开出去闲逛了。

汽车广告竞争激烈

20世纪20年代以后的民国报纸上,广告量最大的当属汽车。

做汽车广告的当然是经销汽车的各大洋行和车行。在广告的制作和发布方面,这些洋行和车行之间竞争的激烈程度,比之今天,有过之而无不及。

1928年6月18日,专门经销美国克莱斯勒公司所产道奇轿车的公懋❶洋行,在《大公报》做了一次篇幅相当大的广告,称道奇车"成色精良,价格低廉,此款新六缸车各部分的构造,机件的装配,俱含有美满的特色。道奇汽车周身之坚固,大梁之结实,舵轮之灵便,以及车膀子之良美,俱能表现道奇汽车精良的成色超群异众,乘坐此车,甚觉安静,最为舒服"。

这样的广告一问世,道奇车的销售量直线上升,公懋洋行因此大大地赚了一笔。

经销通用公司雪佛兰轿车的洋行不甘示弱,立刻加大了广告宣传力度。他们的广告词为:"新雪佛兰汽车已经售出100万辆。1928年新式雪佛兰之畅销实超出最乐观之预料。有此伟大之销路,可以证明雪佛兰之坚固耐久,行驶稳快,世界各国购汽车者一致称许。车行路上,异常平稳,虽有障碍,以其机力之强皆超胜之。"

道奇与雪佛兰的广告之战打得如火如荼❷,不提防久已蓄势待发、经销福特车的洋行瞧准机会,等那两家稍一松懈的时候,立刻全面出击。一时间,各大报纸上福特汽车的广告铺天盖地。那段时间里,报纸的订户只要翻开一份报纸,就总能看到与福特汽车有关的图片和文字。

在福特所有的广告中,有一句广告词特别有意思:"直到一千九百零三年,现在街上

---

❶ [公懋(mào)]洋行名。
❷ [如火如荼]荼(tú),茅草的白花。像火那样红,像荼那样白。原比喻军容之盛。现用来形容大规模的行动气势旺盛,气氛热烈。

跑得最多的福特汽车才出现。"

其实这完全是一厢情愿的自吹自擂,因为当时中国的大城市里,跑得最多的还真不是福特汽车。但这句广告词中却能透出一种高级智慧,就是要用"街上跑得最多"这句话不断地对那些潜在的购买者产生引导和诱导的作用。如果某件产品卖得最多,那无疑就能证明该产品的质量无可争议。中国不是有一句成语吗,桃李不言,下自成蹊❶!

福特公司的广告和他们此后推出的各种促销手段,很快就大见成效。福特的月销售额持续上涨,到20世纪30年代中期,福特的销售量已压倒所有其他的汽车品牌,成为无可争议的汽车销量第一。福特也果真成了在中国马路上跑得最多的汽车。

练习与思考

1. 文章中作者是通过哪些细节来描写人们眼中这一"时尚"的?

2. 作者在文章中讲述了一个爱慕虚荣的女中学生的悲剧故事,是要说明什么问题?

3. 收集生活中看到的各类汽车广告,你认为哪个汽车广告最有创意?为什么?

---

❶ [桃李不言,下自成蹊]原意是桃树不招引人,但因它有花和果实,人们在它下面走来走去,便走成了一条小路。比喻为人品德高尚、诚实、正直,用不着自我宣言,就自然受到人们的尊重和敬仰。

你好,请松开方向盘[1]

半只土豆

课文读导

"你好,请松开方向盘"一文的题目就揭示了这篇文章的主要内容。在不久的将来,我们开车时不再需要用双手牢牢地掌控着方向盘,我们的双手将彻底得到解放,我们在开车时也不再需要如现在这般的全神贯注,一丝不苟。这将是怎样的一种体验呢?

建议学习本文时,边阅读边思考,对于这样的"酷"体验,你有什么想法?

这不是"Long long ago……"般美好的回忆,而是在不久的未来,一定会出现在人们眼前,真实的生活的开端——在一个充满阳光的冬日清晨,慵懒的我要去另一个城市拜访朋友,我从枕头底下摸出智能手机,拨出一个号码,这时一个声音告诉我:大概还有十五分钟,"他"便可以来到我家楼下。哦,看来我还得麻利点儿。

一番洗漱装扮,来到楼下,一辆小型汽车已在等候。我一靠近,车门就自动解锁。电话里面的那个"他",也就是现在"我的车"——从我打通电话的那一刻起,"他"便通过手机定位得到了我的具体位置,通过一番计算找到一条最佳路线,然后告诉我何时能到等待地点。

当我坐进所谓的"驾驶室"时,我的手和脚是自由的,方向盘、油门、刹车……这些我几乎什么都不用碰,这时一个半透明整合面板徐徐亮起,同时一个虚拟人的面部出现在屏幕中,向我问好之后便与我确认目的地。很快,我们就驶上了一条高速公路。

没一会儿,前方出现了一个有一辆大卡车牵头四辆小轿车组成的车队,我们跟了上

---

[1] 选自《汽车消费报告》2011年第1期,半只土豆编辑。《汽车消费报告》是一本为中国中高端人群提供汽车产品消费意见和传达全球汽车文化的高级汽车类产品杂志。

去,从屏幕上可以看到,经过车与车之间的沟通后,我们也成了这个车队的一员。

真是让人舒一口气,因为从这一刻起,我可以好好体会一下这种能让汽车像火车一样行驶的技术——"火车头"由经验丰富,熟悉线路的司机"老手"驾驶,也许是一辆出租车,也许是一辆大巴车,也许是一辆卡车,当后面跟上来的车辆调用车上的导航系统申请加入车队后,此时自主驾驶程序就会接管汽车,每一队这样的公路列车可以包含6到8辆汽车。

这是一个绝妙的主意,队列中的车彼此可以靠近,空气阻力就会下降,耗油量下去了,从而减少对环境的污染,甚至还解放了道路,使道路得到了更有效的利用。

不过,最直接的受益者就是我这个伪驾驶员了,其实说是驾驶员不如说是乘客,在这个"列车"行驶过程中,我可以在屏幕上读读新闻,看看视频,查看邮箱,还能把即时通讯软件打开保持在线。

哦,对了,我得跟朋友打个招呼。想必你也能猜出来,那个全能的大屏幕马上为我接通了视频通话。朋友一家在那边已经等待多时了,"让你看看,我们把烤炉的火都点好了,就等你来烤肉了",他一边说话一边让我看他们为这次午餐所做的布置。"我还没下高速,大概还需要……"我看到了屏幕上的提示是距离目的地35分钟,嘿,想不到这家伙还听得懂我们的谈话。

正看一半的时候,我发现屏幕上多了一些提示,然后我就从车队中脱离驶向一旁,原来我即将离开高速公路了,剩下的路程又将交给车载导航系统,而那个带我一程的公路列车,因为我的离开就可以再继续补充新成员,直到"火车头"到达目的地,"列车"就解散了,大家可以各自再找"新队伍"加入啦。当然了,"火车头"的付出也会有回报的,且不说别的,经验丰富的司机可以让你节省不少行驶时间,减少安全事故,就因为这个也会让你心甘情愿的付一些费用不是?

剧情马上就要结束了,我也从城际高速路转到了环城高速路。我的车依然保持在最高限速中行驶,因为每条道路的时速限制都储存在数据库中。在到达了出口之后,我们离开了高速公路,屏幕上马上显示出来城内的详细地图。一段简短的沟通之后,"他"看来已经明白我要去的地方了,很快地图上表明了我们即将行驶的路线。

而当车缓缓停下的时候,我第一次"驾驶"的紧张心情终于释怀。朋友一家已经在向我招手了,我要赶紧下车,因为我在路上收到一条视频信息,有一大份我最爱吃的番茄海鲜意面在"看"着我了,还有,我还要跟他们说说这"无人驾驶"的酷一天。

练习与思考

1. 为什么作者说他"无人驾驶"的一天是"酷"的?酷在哪?

2. 想象一下,如果让你驾驶一辆这样的汽车你会做何感想?谈谈你对于这种科技的见解和看法。

3. 课外查资料了解无人驾驶汽车的发展情况,在课堂上与大家分享。

*走向未知的世界

——纳米[1]

解思深

课文读导

《走向未知的世界——纳米》向我们介绍了纳米科学及纳米技术,以及未来高科技的纳米材料的神通广大。文章综合运用了多种说明方法,阅读时可结合具体语句加以体会。

纳米科学是研究在千万分之一米(10^{-7})到10亿分之一米(10^{-9})内,原子、分子和其他类型物质的运动和变化的学问。在这一尺度范围内对原子、分子进行操纵和加工被称为纳米技术。在20世纪内,人们花了很大的力气把大千世界内各种物质的运动都还原到原子、分子的运动和性质这一层面上。用原子、分子去勾画出大千世界中的各种物质形态也取得了巨大的成功。例如,从分子结构和运动的观点来研究生物,形成了分子生物学;在原子光谱研究的基础上发明了激光;以固体电子论为基石构建了大规模集成电路;以光在固体中传播为启迪发明了光纤通信。可以说,由原子、分子(尺寸约10^{-10}米)为出发点,认识和改造宏观世界取得了巨大的成就。现在人们可以合成各种药物、制造出各种转基因食品。克隆羊的出现是最为突出的代表作。同时,以大规模集成电路为基础发展起来的电脑、网络更是大大地推动了科学技术的发展,甚至改变了人们的生活方式,网上购物使得女士们足不出户就可遍游一些著名的百货公司。但是,在人们企图将现代的科学技术再推进一步时,却遇到了极大的障碍,这主要是因为人们在认识上存有盲区,或者说人类知识的大厦上存在一个裂缝。在这一裂缝的一边是以原子、分子为主体的微观世界,而另一边是人类活动的宏观世界。两个世界之间不是一般人所想象的那样直接而简单地联结,而是存在一个过渡区——纳米世界。也就是说,几十个原子、分子或成千个原子、分子"组合"在一起时,表现出既不同于单个原子、分子的性质,也不同于大块物体的性质。有时这种"组合"被称为"超分子"或"人工分子"以相别于正常的原子、分子。这种"超分子"往往具有人们意想不到的性质。但是,当这些"超分子"继续长大或以通常的方式聚集成大块材料时,原有奇特的性质又会失去,真像是一些长不大的孩子。另外,人们还发现在这一崭新的世界里,电子、原子运动的规律完全

---

[1] 选自《新人文读本》,北京大学出版社2005年版,有改动。

[解思深] 1942年2月出生,中国科学院物理研究所研究员,国家纳米科学中心首席科学家。

[纳米] 又称毫微米,是长度的度量单位。假设一根头发的直径是0.05毫米,把它径向平均剖成5万根,每根的厚度大约就是一纳米。

不同。譬如说,当我们把大规模集成电路中元件的数目继续增加,设想把元件中电极做到几个纳米粗细,几十个纳米长,就可以把芯片的运行速度和内存都提高几万倍。但是,实际上这一方面很难用现在流行的技术来实现;另一方面即使做成了这样的器件,电子在这样小的元件中运动的规律也不一样了,所有的芯片需要按照新的原理来设计。对这种由数量不多的电子、原子或分子组成的体系中新规律的认识和如何操纵或组合它们,成为当今纳米科学技术的主要问题之一。

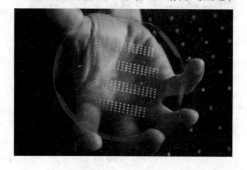

纳米材料是纳米科学技术最基本的组成部分。现在可以用物理、化学及生物学的方法制备出只包含几百个或几千个原子、分子的"颗粒"。这些"颗粒"的尺寸只有几个纳米。如果按照一般的经验,原子与原子之间的距离为 0.2 纳米左右。可以估计出在尺寸为 1 纳米的立方体"颗粒"中,"立方体颗粒"的每一边上只能排列 5 个原子,总体可容纳 125 个原子,但是其中 98 个原子在表面上。众所周知,表面上的原子只受到来自内部一侧的原子的作用。因此,它们很容易与外界的气体、流体甚至固体的原子发生反应,也就是说十分活泼。实验中发现,如果将金属铜或铝做成几个纳米的颗粒,一遇到空气就会产生激烈的燃烧,发生爆炸。有人认为纳米颗粒的粉体可以用作新型火箭的固体燃料,将会有更大的推力,也可用作烈性炸药。另外,用纳米金属颗粒粉体作催化剂,可加快化学反应过程,大大地提高化工合成的产率。

如果把金属纳米颗粒粉体制成块状金属材料,它会变得十分结实,强度比一般金属高十几倍,同时又可以像橡胶一样富于弹性。人们幻想在 21 世纪,总有一天会制造出具有如此神奇性质的纳米钢材和纳米铝材。用这种材料制造汽车、飞机或轮船,会使它们的重量减少到 1/10。可以想象,一辆摩托车的重量会变成只有 20 到 30 公斤,一个女中学生会轻易地将它扛上楼去。

人们日常生活中最常用的陶瓷材料具有硬而脆的特点。硬,是说它可以做刀具切削金属;脆,是说它不耐冲击,甚至一摔就碎。陶瓷的另一长处是耐高温,在 1000℃ 的高温下也不变形。现在,用纳米陶瓷粉制成的陶瓷已表现出一定的塑性,这个问题一旦被彻底解决,就会在发动机上大显身手,彻底甩掉发动机的冷却水套,汽车会跑得更快,飞机会飞得更高。纳米陶瓷粉体作为涂料的添加剂已得到广泛的应用,这些特种涂料涂在塑料或木材上,具有防火、防尘和耐磨的性能。

氧化物纳米颗粒最大的本领是在电场作用下或在光的照射下迅速改变颜色。平常人们戴的变色眼镜含有一种光敏卤化物材料,但是变色的速度慢。用纳米氧化物做成的变色镜就不一样了。用它做成士兵防护激光枪的眼镜是再好不过了。还有将纳米氧化物材料做成广告板,在电、光的作用下,会变得更加绚丽多彩。

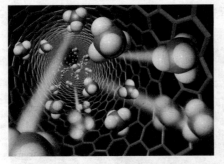

半导体纳米材料的最大用处是可以发出各种颜色的光,可以做成超小型的激光光源。它还可以吸收太阳光中的光能,把它们直接变成电能。这种技术一旦实现,太阳能汽车、太阳能住宅就会使人们居住的环境更加美丽,空气更加清新。利用特种半导体纳米材料使海水淡化在中东已得到应用;半导体纳米材料做成的各种传感器,可灵敏地检测出温度、湿度和大气成分的变化,在汽车尾气和大气环境保护上已得到应用。

把不容易被人体吸收的药物或食品,如维生素等做成纳米粉或纳米粉的悬浮液极易被吸收。如果把纳米药物做成膏药贴在患处,药物可以通过皮肤直接被吸收,而无须注射,避免了注射的感染。

纳米颗粒还可用于人体的细胞分离或细胞染色,也可以用来携带DNA进行DNA治疗基因缺陷症。最近,用磁性纳米颗粒成功地分离了动物的癌细胞和正常细胞,特别是在治疗人的骨髓癌的临床实验上获得成功,前途不可限量。

目前,纳米材料在食品、化妆品、医药、印刷、造纸、电子、通讯、建筑及军事等方面都得到越来越多的应用。

练习与思考

1. 文章综合运用了哪些说明方法?请找出相关语句加以体会。

2. 找出作者介绍了哪几种纳米材料,请选择其中一种说说它的功能。

3. 结合课文所举的关于纳米材料的例子,说一说纳米技术将来会给我们的生活带来什么样的改变。

** 虚拟 or 现实

——大话虚拟现实和增强现实技术❶

约修亚

课文读导

虚拟和现实本身就是一组反义词,但是通过高科技手段却能够将二者结合起来,让人产生身临其境之感。那么,这是怎样的一种科技手段呢?

阅读本文,理清文章的脉络顺序,了解"虚拟现实"这门新兴的交叉学科的相关常识。

你走在大街上,伸出右手轻轻一挥,眼前出现了一个菜单按钮。你轻轻说出应用的名称,随即弹出了对应的窗口。你走在路上一边淡然地查看着虚拟的地图,一边轻声用"next"这样的口令控制着资料的翻阅……

在十年前,这是科幻小说;在五年前,这是一个很遥远的设想;在三年前,它有了基本的雏形❷;而现在,它终于成为现实——一款名叫"Google Project Class"的眼镜让我们梦想成真!

在介绍这款神秘的眼镜之前,小约给淀粉们普及一下 VR 和 AR 的相关知识。这两个看起来很科幻的英文缩写是什么意思呢?很简单,它们分别代表着 Virtual Reality(虚拟现实)和 Augmented Reality(增强现实)。

VR 解释得具体一点就是综合利用计算机图形系统和外接设备,在计算机上生成的可交互的三维环境中提供"沉浸❸"感觉的技术。AR 的解释则是利用计算机生成一种逼真的视、听、触等感觉的虚拟环境,通过各种传感设备使用户"沉浸"到该环境中,实现用户和环境直接自然交互。严格来说,AR 是 VR 的一个分支。它们的不同在于,VR 是创造了一个虚拟的 3D 世界让人沉浸于其中,AR 是强调虚实结合。

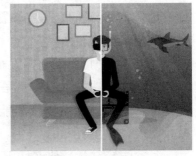

VR 技术,除非能把外部设备直接连接到脑神经,否则也将只是在一个高仿真的区域中使用自己的身体以及各种传感器来模拟另一个虚拟的三维空间。VR 的实现需要

---

❶ 选自《少年电脑世界——暴机王》约修亚-rk。《少年电脑世界》是一份面向全国中、小学生的电脑普及月刊。

❷ [雏形] 事物初步形成的规模;未定型前的形式。

❸ [沉浸] 浸泡,浸入水中。多比喻完全处于某种境界或思想活动中。全神贯注于某种事物。

我们戴上 HTC 显示器、传感手套等一系列相关设备——这种方法显然过于笨拙。所以，令人满意的 VR 技术的实现估计是几十年，甚至是几百年以后的事情了吧。

但是 AR 离我们并不遥远，它已经走进了我们的生活，让我们触手可及❶。什么，你还没有感觉到它的存在？淀粉们还记得今年第 3 期"月光宝盒"中暴暴蓝推荐的《丢糖果》游戏吗？我们只要用安装了相应程序的手机或者 IPAD 的摄像头对准这张图片，在屏幕上就会立刻跳出一个活灵活现的卡通形象。并且随着我们转动设备的角度，这个卡通形象也会一起跟着动起来。这就是现在最常见的 AR 技术应用。

我们手边的移动终端设备，IPAD 啊，Android 手机啊，都可以通过摄像头和特定的应用程序来实现虚实结合，在现实的世界中叠加虚拟信息。比如，当我们用摄像头对准面前的街道的时候，软件就会在实景的基础加上标记，如标记酒店的价格和是否有空房等情况。当然，这种功能的实现需要连接网络并保证数据的实时更新，也少不了 GPS 或者是北斗这样的全球定位系统的帮忙。

如果你经常用手机拍照，你会发现，接触手机和平板电脑来实现增强效果并不是最佳的选择，因为我们总是要举着设备到处瞄，长此以往，肯定要累出肩周炎来。于是乎，一种与传统眼镜相结合的 AR 设备便应运而生了。

2012 年 4 月，谷歌公司发布了一款名叫 Google Glass 的具有增强现实功能的眼镜。虽然这个产品被叫作"眼镜"，但是你基本可以把它当作智能手机来使用，而且据说还是 Android 系统的哦。

谷歌眼镜究竟长什么样呢？它的前端有一个小摄像头和一块投影用的玻璃（如果你有眼镜，可以直接投影到眼镜上面去）；后端像一个耳麦，可以套在我们耳朵上。怎么样，是不是很酷呢？其实，更酷的是它强大的功能。

---

❶ ［触手可及］近在手边，一伸手就可以接触到。

谷歌眼镜的个头虽然非常小巧,但"内涵"却十分丰富,内存、处理器、侧面的触控板、拍照按钮、麦克风、摄像头、扬声器以及各种传感器(加速计、指南针和陀螺仪等)一应俱全。眼镜不支持3G频率(如果支持的话辐射肯定也很大的),所以外出时需要借助手机上网。Wi-Fi依然是支持的,所以在有Wi-Fi的地方你可以尽情地使用它。

谷歌眼镜最大的亮点就是用户可以通过语音来进行控制。只要你说出特定的命令语句,系统就会进行拍照或者通话等特定操作。

谷歌眼镜的英文启动命令是"OK,Glass",中文版本的有可能就是"好了,眼镜"之类的命令。总之,是相当值得期待啦!此外,谷歌眼镜取得了眼球解锁专利。简单地说,就是根据视线的移动来解锁谷歌眼镜。你只需要看着移动的小球一秒钟,Google Glass便会自动解锁。

讲到这里,大家肯定会问:谷歌眼镜发售了吗?多少钱呢?今年谷歌眼镜就将上市发售。不过,它的预计销售价格将达到1000美元(大约6500元人民币)的天价。不过,随着科技的进步,我们相信这种眼镜的价格一定会越来越低的。关于VR和AR的介绍就先到这里了。VR和AR将引领我们走向怎样的神奇世界,一切都尚不确定。不过,我们完全有理由相信,这是一个非常值得我们期待的未来。也许到时候,虚拟和现实将更加紧密地结合在一起,让人傻傻分不清楚了!

练习与思考

1. 谈谈你对VR与AR的理解与认识,试想这种技术广泛应用后我们的生活会发生哪些变化?

2. 课外利用互联网了解虚拟现实技术在各领域的发展应用情况,并与同学交流。

口语交际——洽谈、协商

洽谈是一种常用的口语交际方式。"洽"有和睦、协调一致的意思。因此,洽谈就是指在和睦、融洽的气氛中,就某项事务或某个问题进行面对面的磋商、交谈,使双方达成共识,促成合作,得到令双方满意的结果。

（一）洽谈

1. 洽谈的分类

洽谈这种口头交际方式,广泛地运用于人们的社会生活与各种职业活动中,小至家庭内部、街坊邻居、企业单位、机关团体之间的相互交际、业务往来,大至国家、民族、党派之间的联系、沟通、友好交往的大小事务,都需要通过磋商、洽谈来协调关系,解决问题。

洽谈按其内容,可以分为一般事务性洽谈与经济合作性洽谈。

2. 洽谈的前期准备

正式洽谈的准备工作,一般包含以下环节。

(1) 选择洽谈对象。选择预见中最有助于解决问题、最有可能合作成功的单位与有关人员。

(2) 了解对象信息。尽可能了解洽谈对象（人员）的年龄、性别、身份（职权范围）,以及他（她）的性格、爱好等重要信息（这些都是选择谈话态度、方式、语气等不可忽略的因素）,有利于掌握洽谈的主动权。

(3) 预想合作方案。在洽谈前,应该就解决问题的方法、步骤、分工、经费等一系列事项做预先思考,尽管可能不成熟,但可以在商洽过程中进行补充、修正、完善,否则很容易出现议而不决、决而有误的结果。

3. 洽谈时的注意事项

(1) 建立和谐的洽谈气氛。

在洽谈开始之前,双方可以用轻松的话题、语言来创造轻松的环境。如畅谈谈判的目的、议事日程安排、进展速度、谈判人员的组成情况等,也可以谈论双方感兴趣的题外话,还可以回忆往日合作成功的欢乐、感受等。良好的谈判气氛一方面能够为双方建立良好的关系铺路,另一方面也可借此了解对方的特点、态度和意图。

(2) 善于提出并把握洽谈的主题。

提出洽谈主题要根据动机、对象、内容、环境的不同而采用不同的方式。一种是开门见山,直截了当地从正面向对方提出洽谈的重点,进行实质性对话。采用这种方式的前提是,与对方有良好的互信关系,或者洽谈内容是对方愿意谈的。另一种是侧面迂回,开始暂时避开正题,等到时机成熟时再巧妙地引出正题。

(3)善于观察,善于倾听。

洽谈是双边活动,双方都要听说兼顾,不能只说不听,也不能只听不说。正如林肯所说:"当我准备说服别人时,我的三分之一的时间为自己设想,考虑我该说的话;另外三分之二的时间为他人设想,揣摩他会说的话。"所以,洽谈时要善于观察,善于倾听,不能只顾自己说而不考虑对方的反应。

善于观察,就是要注意对方的眼神、表情、姿态以及身体的细微动作,了解对方心情,及时调整洽谈的内容和方式。善于倾听,就是不仅要态度诚恳,神情专注,让对方感觉到尊重和信任,同时要边听边想,听出言外之意,及时采取相应的对答。

(4)要根据对象、场合使用恰当得体的语言。

洽谈既要适应对方,又要吸引对方,这不光包括内容,还包括得体用语。用语得体包括用语规范、简洁、生动、幽默等,考虑不同的洽谈场合和气氛。根据这些具体情况,说得体的话,洽谈才会取得良好的效果。

4. 案例

【案例一】

1988年10月5日,邓小平主席会见英国女王伊丽莎白二世和她的丈夫菲利普亲王。谈话是从谈天说地开始的。邓小平主席说:"这几天北京的天气很好,这也是对贵宾的欢迎。当然北京的天气比较干燥,要是能借一点伦敦的雾,就更好了。我小时候就听说过伦敦有雾。在巴黎时,听说登上巴黎铁塔就可以望见伦敦的雾。我曾登上过两次,可是很遗憾,天气都不好,没有看到伦敦的雾。"菲利普亲王说:"伦敦的雾是工业革命时的产物,现在没有了。"邓小平主席风趣地说:"那么,借你们的雾就更困难了。"亲王说:"可以借点雨给你们,雨比雾好,你们可以借点阳光给我们。"

【评析】

双方的交谈高雅而得体。小平同志的话说明英国贵宾的到来不仅占人和(中英友好),而且占天时(天气很好),也点明了小平同志留学法国的经历,还表明了他对雾都伦敦的认识和了解。菲利普亲王的答话流露出对英国环境治理成效显著的自豪感。至于借雨、借阳光,多少隐含着双方互通有无的意向,为接下来的谈判营造了和睦融洽的氛围。

【案例二】

一个专门推销建筑材料的推销员,一次听说一位建筑商需要一大批建筑材料,便前去谈生意,可很快被告知有人已捷足先登了。他还不死心,便三番五次请求与建筑商见面。那位建筑商经不住纠缠,终于答应与他见一次面,但时间只有5分钟。这位推销员在会见前就决定使用"趣味相投"的谋略,尽管此时他还不知道建筑商有哪些兴趣和爱好。当他一走进办公室,立即被挂在墙上的一幅巨大的油画所吸引。他想建筑商一定喜欢绘画艺术,便试探着与建筑商谈起了当地的一次画展。果然一拍即合,建筑商兴致勃勃地与他谈论起来,竟谈了1小时之久。临分手时,建筑商允诺推销员下一个工程的所有建筑材料都由他供应,并亲自将他送出门外。

你认为这位推销员的成功之处在哪里?

【评析】

这位推销员巧妙地抓住了顾客的兴趣和爱好,投其所好,为洽谈赢得了一个良好的开局。

【案例三】

情景一

小王:赵总,你可千万别买他们的产品,他们的服务非常差,你买了肯定后悔。而且他们的产品质量也有问题,不是我说,他那设备简直是……

赵总:真的吗?

情景二

老李:赵总,竞争对手的问题我不好说,关于他们的服务、质量你可以打听一下,但是我们的服务、质量我很有信心。

赵总:是的,我听说他们的质量是有点问题。

思考

你觉得赵总会向小王购买产品,还是向老李购买?为什么?你从中得到什么启发?

【评析】

将自己的产品和竞争对手的产品比较是应该的,但不要为了自己的利益而不负责任地贬低对手,这样会影响你在客户心目中的形象。一般来说,对竞争对手的评价要欲言又止,含而不露,如果直接评价对手会给客户一种你在诋毁竞争对手的感觉,甚至他会认为你的品质有问题,不可信。

练一练

1. 如果你面临毕业,在选择职业的问题上和你的家长存在很大的分歧,你打算用怎样的方式与他们交谈,使他们赞同你的选择。

2. 某电子商务毕业班30名学生即将面临毕业实习,假如你是信息系的系主任,需要就学生的实习工作与××电商公司进行洽谈,以协助学生完成实习任务。第一次去谈了意向,第二次去正式洽谈实习安排。设想正式洽谈时,你就学生的专业、特长、实习时间、实习待遇、实习要求、实习安全等问题展开了深入具体的商谈。根据这种情景,请把洽谈过程写下来,要反映洽谈中碰到的问题、解决的方法等。

(二)协商

协商是指当事人对某一问题或者事件产生意见分歧时,本着平等、真诚、互动、妥协的原则,进行协调商量,以达成一致的口语交际活动。

1. 协商的特点

(1)协商主体的独立性。协商各方在身份和地位上都是独立的。

(2)主体权利的对等性。协商各方权利平等,任何一方都不能凌驾于对方之上。

(3)协商过程的民主性。在协商中各方要充分开展积极友好的对话和商讨。

(4)协商的合作性。协商各方都应达成共识、形成合作关系、实现利益共赢为目的,绝不能只强调自身的利益。

2. 协商的原则

协商必须遵循平等、真诚、互动、妥协的原则。协商主体应平等对待、诚心诚意,既要主动了解对方的渴望与需求,同时也要让对方明白自己的期待与要求。协商主体可根据诉求目的进行必要的妥协,使协商结果更具有包容性和互惠性。

3. 协商成功的方法

(1)营造气氛。协商是人与人之间的活动,人是有感情的,有尊严的,如果前来提出要求的人和颜悦色,尊重对方,那么气氛就是友好而和谐的,协商就容易成功。

(2)争取理解。在日常生活中我们常常遇到一些"公事公办"的恼人现象。但掌握一定的协商技巧,使对方理解自己的合理要求,就可以提高工作效率,加快办事速度。

(3)据理力争。当你的合理要求被对方拒绝接受,但这合理要求在他的职责范围内时,那你就可以据理力争,必要时还应施加一点儿压力。因为你对他只是职责内的合理要求,你有维护自己权益的权利,不必顾忌争执会给他什么样的感受。

(4)消除防范。当协商双方在约定的时间见面,彼此都会有一种"临战"的心理。消除防范最有效的方法就是给予暗示,表示自己是朋友而不是敌人。这种暗示可以用嘘寒问暖给予关心表示愿给予帮助等方式实现。

(5)寻求一致。协商的最终的目的就是寻求一致,所以在协商过程中出现分歧时,应该尽可能创造一致,而每遇到有可能不一致的提法,则要尽量避免。"可以""同意""行"这些表示一致的词反复、成串地出现,可以轻松协商气氛,融洽人际关系,达到各自的目的。

4. 协商与洽谈的区别

在职场活动中,协商与洽谈有很多相同之处,即通过双方的交流、讨论、妥协达成共识。但二者的区别在于洽谈中谈判的成分较重,气氛也较严肃,协商重在商量,气氛较平和。

5.案例

【案例一】

在一次集体活动中,大家风尘仆仆地赶到事先预定的旅馆时,却被告知因旅馆管理工作失误,原来定好的套房(有单独浴室)中竟没有热水。为了此事,领队约见经理,进行了以下协商。

领队:对不起,这么晚还把您从家里请来。但大家满身臭汗,不洗澡是不行了。何况我们预定时说好的供应热水的,这事只有请你来解决了。

经理:这事我也没办法啊,锅炉工的老婆恰巧今天生孩子,他跑到医院去了,临走时忘了放水,估计一时半会儿是回不来了,要不你们委屈一下,到集体浴室去洗洗,我已经叫人开好门了,集体浴室也是热水。集体浴室也分男女的,大家也没什么害羞的,你有的我也有。包涵啊,谁没有当父亲的时候啊。

领队:是的,我是可以让大家到集体浴室去洗澡。但不是每个人都愿意的,到时候有人提出反对意见,我就不好办了。再者说,一分钱一分货,当初讲好的套房一人150元一天是有单独浴室的。现在到集体浴室洗澡,那就等于降到通铺水平,我们只能照通铺标准,每人60元一天。

经理:什么!这账不能这么算!通铺标准是6个人一个房间,到集体浴室去洗澡。而且,只提供床铺,没有娱乐设施。你现在是一人一个房间,只是要求到集体浴室去洗澡,就降到通铺水平,这也太能砍价了!再者,我们旅馆的每个单间都配备电视,空调,这些一开动可是笔不小的开支,60元一天,电费都不够啊!

领队:这我管不着,反正预先说好的,你没办法做到,现在我们只能这么算了,旅馆管理我又不懂,但一分钱一分货的道理我还是懂得。

经理:我也想给大伙提供好的服务啊,可你看这不是没办法吗?

领队:你有办法的!

经理:什么办法?

领队:你有两个办法:一是把失职的锅炉工召回来。二是您可以给每个房间拎两桶热水。当然我会配合您去劝大家耐心等待。不过好像有一百号人,我没有那么大的气场能把他们劝住。

经理(内心活动):这个领队真是软硬不吃啊,以前怎么没看出来呢。罢了,来者皆是客,自己是做生意的,没必要跟钱过不去。看来只有把锅炉工召回来了。那可是白花花的银子啊!

这次协商的结果是经理派人找回了锅炉工,40分钟后每间套房都有了热水。

【评析】

这是一则关于旅游服务的协商。这次协商成功的关键在于抓住"对等""据理力争"原则。这位经理管理不善,对属下的失职一味姑息,甚至推诿责任,还安排大家去集体浴室。而领队顺水推舟,先表示同意,然后运用"对等"原则借力打力,提出享受通铺待遇。这时经理才领悟到自己在损害旅客利益的时候也在损害自己的利益,于是才下决心纠正属下的失职。

【案例二】

郑某是某锯木厂的掌柜。一次一位顾客王某说好了要600根3.2厘米×3.2厘米×80厘米的木条,每根价钱三元。谁知道锯木师傅一时大意,把木材全部锯成了3厘米×3厘米×80厘米,掌柜只好与顾客协商事情的解决方案。

郑掌柜:王兄弟啊,你要的木条已经全部锯完了,只是我有个问题想弄清楚,你当初定的木条的规格是多少啊?

王顾客:3.2厘米×3.2厘米×80厘米啊,怎么了,你当初不是写在账本上了吗?我还看了一眼,没错啊。

郑掌柜:喔,那小一点的能用得上吗?

王顾客:小多少?

郑掌柜:3厘米×3厘米×80厘米呢?

王顾客:是这样的,我故意定的大一点,那些木条运回来后还要加工的,四面刨一下就变成了3厘米×3厘米的,你现在锯小了,再刨一下,就更小了,肯定就不能用了。

郑掌柜:那3厘米×3.2厘米×80厘米能用吗?

王顾客:这个?我也是帮别人加工的。我得问问。

(王顾客打电话询问,十分钟后)

王顾客:顾客说可以用,但两面小了一点,价钱得便宜点。我算了一下,每根2块刚好平本,你看可以吗?

郑掌柜:王老板啊,现在的木材价格贵了,相思木要450元一吨,加上损失的,赚不了多少钱。本来我卖这批木条给你价格已经够低了,我图的就是能赚个加工费。现在每根木头降了一块钱,我成本都收不上来,还有加工的师傅也是要付工钱的。算我亏本了,2块5每根怎么样?

王顾客:那也可以,不过你那批不符合规格的木条干脆也卖给我了,一块五每条,反正你留着也没用,卖给我了也能少损失一点。

郑掌柜:这个再说吧,我们先把那600根3厘米×3.2厘米×80厘米的谈妥了,再说这些不符合规格的。我数了一下,3厘米×3.2厘米×80厘米的木条就只有200根,还差400根,今天是交不了货了,明天再来装货好吗?

王顾客:好的,今天我刚好也没空,明天下午来装吧。

郑掌柜赶紧赶制了400根符合规格的木条,以原价卖给王商人,那不符合规格的木条留下,下一次以三元的价格卖给了另一个包工头。因为他知道现在正是建筑的旺季,建筑材料稀缺,那批不合格的木条虽然王商人用不上,但可以作木签,肯定会有人来买。

这样算下来,自己不赔反赚。

【评析】

从这个案例中,我们可以发现郑掌柜运用了"争取同情""据理力争""消除防范""寻求一致"的原则,有效地维护了自己的利益。虽然是他的管理失误,但他想尽办法挽救,把损失降到最低。

练一练

1. 肖先生的妻子上个月在吴江市永鼎医院看病时,医生对其做了皮试,但是打针时肖先生的妻子出现了药物过敏现象。于是医生又为她打了一针过敏药。肖先生认为这笔钱不应该自己承担,与医院产生了矛盾,结果医院中断了治疗,肖先生的妻子只好转院,前后损失了几百元。肖先生对负担抗过敏药的费用不满,在医院走廊大声叫喊,给医院和本人都造成了负面影响。若请你去协商,你会怎么办?

2. 张女士在某美容店做美容,觉得效果不错,就预缴了9000元现金的一年美容套餐服务,其中一共10项服务,包括美容、按摩等项目。近日张女士去该店做美容时,发现美容店将10项服务里的7项服务更改为其他美容服务,而且要重新收费,否则不给服务。张女士得知这一情况后,极为不满,此时张女士已消费了5100元,于是她提出将剩余的3900元退还,却遭到美容店的拒绝。若你是张女士,你将怎样与美容店协商?

应用文——总结

(一)文体知识

1. 概念

总结是单位、团体或个人对过去一段时间的工作(学习)或某项具体工作(活动)完成情况进行回顾、评价和分析研究,找出成绩与问题、经验与教训,用以指导今后工作(学习)的一种事务性应用文。在众多的事务文书中,总结是应用范围较广、使用频率较高的一类。

常见的小结、体会,也是总结,只是反映的内容较少,时间较短,范围较小而已。

2. 分类

总结的种类很多。按内容分,有学习总结、工作总结、思想总结、活动总结等;按性质分,有综合性总结和专题性总结等;按范围分,有地区总结、部门总结、单位总结、车间总结、班组总结、个人总结等;按时间分,有月总结、季度总结、半年总结、年度总结、学期总结、年终总结等。

3. 特点

（1）回顾性。回顾过去的工作情况，将成功的经验提炼出来，以便今后加以推广；对不足之处进行理性的分析，以便今后吸取教训，采取新的措施加以改进。

（2）客观性。总结的基础和依据是客观事实，事实无误，总结出来的经验和教训才能体现出客观本质，才有正确认识和指导意义。写总结时应坚持实事求是的原则，对取得的成绩、成功的经验不夸大其词，人为地拔高，对存在的问题也不能隐瞒或轻描淡写地一笔带过。只有客观真实地进行总结，才能达到总结的真正目的。

（3）平实性。总结要概括地叙述过去的工作情况，以叙述为主要表达方式，适当的辅以议论。要求语言平实、准确。它只要用平实的语言去概述"做了哪些""做得怎样"就可以了，不必把事情的经过写得完整而详细，更不必进行细节描写；只要用实实在在的事例和数据统计去证明观点，不用引经据典、反复论证。

（二）写作方法

总结一般包含标题、正文、落款三部分。

1. 标题

总结的标题可分为直接性标题、间接性标题和综合性标题三类。

直接性标题。在标题中一般写明四个要素：单位名称、时间、内容和文种名称，如《××市2013年度市政建设工作总结》，有的也省略一两项，只写时间或内容、文种名称，如《2011年度工作总结》《关于财政收支情况的总结》。

间接性标题。即在标题中不出现文种名称"总结"，但从标题中已反映出总结的内容，如《我市干部思想作风建设的成效及其存在的问题》《××厂是怎样扭亏为盈的》。

综合性标题。采用正副标题结合的双标题，用正标题概括总结的内容或揭示中心，用副标题标明单位名称、时间、文种，如《锐意改革，不断开拓前进——××研究所2012年工作总结》《挖潜力、促效益、补损失——××厂2015年度工作总结》。

2. 正文

正文一般由前言、主体、结尾三部分组成。

（1）前言。前言又称开头，要求写得简明扼要，紧扣中心，有吸引力，先给读者一个总的印象。开头的方式有以下几种。

①概述情况。先概括介绍基本情况，简要交代工作背景、时间、地点、条件。

②提出结论。先明确提出总结的结论，使读者了解经验教训的核心所在。

③提示内容。先对工作的主要内容作提示性的概括介绍。

④做出设问。先设问，点明总结的重点，引起人们的关注。

⑤运用比较。先对总结的有关情况进行比较、表明优劣，引出下文。

在实际运用中，以上方法常结合使用。

（2）主体。主体部分主要写成绩和经验、问题和教训，内容较多，且需要对事实进行理论上的分析归纳，所以应根据实际内容和表达需要采用相应的结构形式。常见的结构形式有以下几种。

①两部式。第一部分写做了哪些工作、取得了什么成绩，并归纳出主要经验；第二部分写存在的问题和今后应采取的措施。可按内容分为若干个问题，加序号或小标题分条表述。

②三段式。第一段写工作的基本情况和取得的成绩，第二段写经验和体会，第三段写存在的问题和今后的打算。各段也可采用条款式结构，用小标题分别揭示各项内容的主旨。

③阶段式。按时间顺序安排结构，把工作的过程分为几个阶段，再分别对每个阶段的情况进行分析总结。

（3）结尾。结尾常常写今后努力的方向，或称作今后的打算。如该项内容在主体部分已经写过，则不用再另加结尾。

3. 落款

总结的落款，包括署名和日期，在正文的右下方分两行书写。第一行写单位名称或个人姓名，第二行写成文日期。有的总结将单位名称或个人姓名写在标题的下一行，则落款处只写日期。如需对外公开发表，则可将日期省略。

（三）写作范例

【例文一】

年度工作总结
吴××

2000年，我在××区税务局河西税务所担任税务专管员工作，主要负责所辖12户集体企业的税收征收管理工作。现将一年来的主要情况总结如下。

一、一年来的主要工作和成绩

（一）认真学习税法，熟悉税收管理制度，虚心向老税务工作者学习征管方法，业务水平和工作能力有较大提高。

一年来，我利用业余时间，结合工作实际，系统地学习了国家规定的有关税收法规、征收管理制度及工业会计、商业会计等知识，使自己依法办税的能力有了较快较大的提高。目前，我已能熟练、准确地对企业进行纳税辅导，审核企业申报的"纳税鉴定申报表""纳税申报表"等，正确指导和帮助企业执行和改造各项税收管理制度。针对部分企业办税员由于办税水平低、填报"纳税申报表"问题较多的情况，我专门对这些办税员进行了填写"纳税申报表"的辅导。因此，我个人的业务水平有了较快提高，在10月份区税务局组织的税收专管员业务竞赛中，我获得二等奖。

另外，我还非常注意向老税务工作者学习。凡在工作中遇到问题，我就主动向所里从事了十几年税务工作的老专管员李××求教。为了更好地向老同志学习征管艺术，从今年年初起，我在完成本职工作的基础上，经常抽出时间随老李一同下厂，观察学习他在征管工作中的工作方法。如：如何进行纳税辅导、如何查账、如何指导企业建立健全财会制度，就连他与厂长、财务科长、办税人员谈话的一举一动，我都注意观察，使我受益匪浅。我由此初步学会了怎样处理好自己与企业关系的方法，使企业主动配合自己做好税收管理工作，这对提高我的工作能力有很大的帮助。

（二）严格要求自己，热情为企业排忧解难，维护国家税收人员的形象。

在搞好征收管理工作的同时，我还尽力帮助企业排忧解难，搞好促产增收。今年第一季度，××厂成本增加，出现亏损，我发现后，多次深入该厂了解情况，和企业领导及财会人员进行认真分析，找到亏损的原因主要有两个因素：一是原材料进价高，二是原材料有浪费问题。我主动帮助企业联系购买了价格较低的原材料，并协助企业解决了原材料浪费的问题。第三季度，产品成本下降，实现利润10万余元。企业为了对我表示感谢，主动提出以咨询费的名义付给我500元，被我婉言谢绝。第三季度，我还帮助××厂解决了产品积压问题，使该企业的生产形势有了好转。除此之外，我在征收过程中，根据自己掌握的情况，经常主动向企业提一些合理化建议，有的被企业采纳，并取得了一定的经济效益。

（三）与所里其他同志团结协作，主动帮助其他同志做好工作，受到所里同志们的好评。（略）

二、几点体会

一年来，我在工作上取得了一些成绩，但也存在不少问题。如业务能力不强，征收管理水平与老税务工作者还有很大差距；对税收法规掌握不熟，时有差错发生；在一些税务文书的制作上还不够规范等。通过对一年来主要工作成绩和存在问题的总结，我有以下几点体会。

（一）税收工作是一项政策性非常强的工作，要做好这项工作，做到依法纳税，今后必须更加努力学习税法和有关的税收政策及其他经济政策。

（二）税收工作直接涉及征纳双方的利益，是一项非常敏感的工作。作为税收人员，既要依法办税，又要处理好与纳税人的关系，必须努力提高征管艺术，这也是我今后将努力钻研的问题。

（三）税收的法制化、规范化管理，是通过特定的税务文书实现的。按税收法规规定程序，熟练准确地制作各种税务文书，是依法办税的重要手段。我今后应努力提高税务文书的制作水平。

××年×月×日

【例文二】

××县公开选拔科局级领导干部工作总结

(中共××县委组织部)

今年,我县面向全社会公开选拔了21名科局级干部,这是我县认真贯彻中央《深化干部人事制度改革纲要》,全面推进党政干部制度改革的一项重大举措,是扩大干部选拔任用民主、探索富有生机与活力的新的选人用人机制的有效实践,是我县实施人才战略、参与西部大开发的重要行动。这次公选活动,在县委、县政府的高度重视和正确领导下,在各级、各有关部门和社会各界的大力支持下,经过县公选领导小组精心组织实施,达到了预期目的,取得了良好的效果,对推进我县干部人事制度改革产生了重要影响。现简要总结如下。

一、基本情况和做法

我县这次公开选拔科局级领导干部工作,从1999年5月18日开始至10月底结束,前后经历了宣传发动、报名与资格审查、笔试、面试、考察作用五个阶段。

(一)宣传发动。县委《关于公开选拔部分科局级领导干部的意见》下发后,先通过报纸、广播、电视和互联网向全社会公布了我县公选的目的、意义、职位、范围、报名条件和办法,让社会各界了解公选、参与公选、支持公选;随后,县公选办又召集了有公选职位的单位主要负责人会议并到有关单位动员,进一步加强宣传和发动;有关部门也认真进行了动员和安排。通过宣传发动,在全县形成了良好的公选舆论氛围。

(二)报名和资格审查。此项工作从6月15日开始至7月15日结束。在县委组织部设立了报名站,并可以在网上报名,同时开通了咨询电话。共有365人报考,从报名人员基本情况来看,有以下几个特点:①报名人员年龄结构比较合理。40岁以下的占92%。②报名人员学历普遍较高。硕士研究生占8%,本科生占65%。③本县报名207人,占56.7%。县外报名人员有158人,占43.3%。

7月15日报名工作结束后,县委公选办对报名人员资格进行了初步审查;25日,县委公选领导小组对报名人员资格进行了终审,确定了具有参考资格的人员360名。

(三)笔试。县委公选办成立了笔试工作委员会,委员会下设制题组、考务组、宣传组、后勤保卫组。笔试试题报请省委组织部在其题库中抽取。笔试考场设在县委办公大楼,于8月20日进行了考试。根据考生成绩和公选《简章》,经县委公选办审核,产生了各选拔职位的前5位共105名面试人员。从笔试结果看,有以下特点:一是参试人员比例较高。在获得笔试资格的360名考生中,有326名考生参加了笔试,参试率达到90.5%。二是进入面试的人员结构比较合理。105名面试人员中,本县的占75.6%,中共党员占89.5%,有硕士、学士学位的占63.8%,来自党政机关的占65.6%,40岁以下的占88.7%。

(四)面试、体检。县委成立了面试工作委员会,下设答辩组、考务组、宣传组、后勤组。面试于9月6日进行。经过面试答辩和体检,按1∶2的比例,产生了42名考察人选。从面试情况看,有以下几个特点:一是面试参考率高。105名面试人选中,有96人参加了答辩,参考率达到91.4%。二是进入考察范围的人选结构比较合理。42名人选中38人为中共党员,硕士、学士学位的占66.7%,40岁以下的占92.8%。

(五)考察任用。42名人选产生后,公选办及时组织了考察,共组建了3个考察组,每个考察组负责7个职位共14名人选的考察。考察前,县委组织部进行了专门的培训,要求各考察组在考察中着重解决三个问题:一是对被考察的人选是否具备担任科局级领导干部的条件要有明确意见;二是对同一职位的两名人选谁更合适所报职位要提出意见,同时对未任用到21个公选岗位上,但具备科局级干部条件的人选,也一并提出具体使用意向;三是对进入考察范围,暂不具备提拔条件的人选,也提出具体使用意向。各考察组对考察对象进行了考察公告,并对同一职位的两名人选都提出了使用建议意见。根据笔试、面试和考察情况,经县委研究,产生了21个公选职位的人选,同时还另外引进了8人到我县工作。

二、主要体会

公开选拔科局级干部在我县尚属首次,这项工作涉及面广、环节多、要求高、程序严,社会各界十分关注,工作难度很大。这项工作能够取得圆满成功,得到社会各方面的充分肯定,我们的体会是:

(一)领导高度重视。早在去年初的机构改革中,县委就决定拿出部分科局级领导岗位面向社会进行公开选拔,县委常委会议对此进行了专题研究和部署。

(二)组织工作严密。根据县委要求,县委组织部对我县公开选拔科局级领导干部工作方案进行了精心设计,先后到我县各部门进行了调查研究,并派专人赴兄弟县市参观考察公选工作。通过充分酝酿和广泛征求意见,制定了《××县公开选拔部分科局级领导干部工作总体方案》。根据《公选总体方案》,县公选办制定了《××县公选工作流程表》,把公选工作划分为五个阶段,并根据各个阶段任务要求,从时间、人力、财力和物力上都进行了合理分配和调度。对每个阶段也都提前制定了具体操作办法,确保公选各项工作环环相扣,有条不紊地进行。

(三)努力体现公开、公平、公正。着重抓了五个方面工作。

1. 精心组织考试。制订了《笔试工作总体实施方案》《面试工作总体实施方案》,成立了笔试工作委员会和面试委员会,在考试组织、考场设置、考生身份确定等所有重要环节都严格按照考试要求进行。

2. 严把考试命题质量关。在笔试和面试试题命制这个关键环节上,采取了笔试和面试试题在省委组织部题库中抽取,并针对我县实际,聘请有关专家适当调整的做法,确保了试题质量和覆盖面。

3. 严把考试保密关。一是对试题命制进行全过程监督。二是对命制试题场所进行了全方位封闭。三是在面试前将所有考生封闭在候考室,规定考生只出不进,采取严格隔离措施。

4.严把回避关。《公选简章》明确规定县委组织部干部不得参加报名。在笔试、面试、体检各个环节,严格执行回避制度,确保了所有考生公平竞争。

5.严把监督关。一是确保在公选报名、资格审查、笔试、面试等所有阶段都有县纪委参加监督;二是始终将公选工作置于社会各界和广大干部群众的监督之下。

(四)注重宣传发动。在这次公选中,我们对每一个阶段工作都制定具体的宣传发动方案,突出重点进行宣传。

三、主要成果与收获

(一)打破了人才部门所有的封闭状态,拓宽了视野,发现了一大批人才。这次公开选拔,面向社会打开了选人用人大门,冲破了人才部门所有、单位所有的束缚,为广大干部提供了施展才华的广阔空间。从公选实际结果看,也充分体现了干部来自五湖四海、人才资源合理配置的要求。与此同时,通过公开选拔,进一步拓宽了组织部门选人视野和识人渠道。

(二)更新了用人观念,增强了干部竞争意识,确立了正确的价值导向。这次公选,对各级党组织和全县广大干部群众所产生的影响是深刻的、广泛的。一方面,它促使组织人事部门在干部选拔任用观念上,由封闭式选人向开放式选人转变;另一方面,它促使广大干部由单一被动地接受组织挑选,向通过自身努力与组织选拔相结合的双向选择转变,改变了干部升迁调动只有组织安排的单一形式,从而激发了广大干部的参与和竞争意识,在社会上形成了积极向上的良好风气。

(三)增加了干部工作的透明度,有利于防止和克服用人上的不正之风。公开选拔工作提高了干部选拔任用工作的群众参与程度,有利于促进社会主义民主政治建设,它是坚持党管干部原则与坚持干部工作走群众路线相结合的好形式。这项工作每个阶段都有广大干部群众参与,始终置于社会广泛监督之下,体现着发扬民主的精神,使广大干部群众对县委用人上的开放、开明、民主做法,有了深切了解,密切了党群关系。这次公选工作的每一步,始终都坚持公平、公正,凭真才实学和工作实绩取人。这有利于激励广大干部把主要精力和注意力投放到学本领、干事业、刻苦钻研业务和勤奋工作,为群众办实事上来。这对加强党风廉政建设,克服用人上的不正之风,具有重要作用。

(四)推进了我县干部制度改革步伐,营造了良好的改革氛围。我县这次公开选拔工作对推进我县干部人事制度改革产生了重要影响,为进一步做好干部人事制度改革工作,提供了可借鉴的经验。

×年×月×日

【评析】

例文一是个人工作总结,例文二是专项工作总结,两篇总结的结构有条不紊,脉络分明。正文皆由前言和主体两部分构成,主体部分采用了两部式的结构形式:第一部分写主要工作和成绩,每个方面都先用小标题揭示主旨,然后具体展开;第二部分写体会与收获。

 练一练

1. 什么是总结?
2. 根据不同的标准,总结可以分为哪几类?
3. 总结的正文主体结构形式有哪几种?
4. 请写一篇《学期个人总结》,字数不少于800字。

语文综合实践活动

商 务 洽 谈

活动目的与任务

1. 熟悉商务洽谈与沟通的基本方法、技巧和策略。
2. 顺利完成商务洽谈前的准备,营造良好的开局氛围,并进行有效的讨价还价。
3. 培养团队合作意识,增强与各种人沟通的信心。

 活动流程

一、活动准备

案例导入,创设情境。

甲方:××职业中学

乙方:东方图书有限责任公司

背景:临近学期结束,××职业中学教材采购中心需要为下学期准备英语教材,因此该教材的采购事宜被提上日程。为了改进长期以来该教材的采购依赖于原有的供货商(新锐图书公司),今年学校希望可以有新的供货商(东方图书有限责任公司)加入进来,于是委托教材采购中心老师与该供应商进行有关采购教材问题的谈判。

二、活动过程

以小组为单位分配任务,模拟担任甲、乙双方。并就各自的角色准备洽谈资料(甲方谈判内容包括:书的质量、价格、教材的运送方式、是否配备相关电子资料等;乙方谈判内容包括:付款方式、折扣让价、运送方式、学校配合定期书展宣传等)。

各小组派出一个代表按本组承担的角色分别担任甲、乙双方,就采购教材问题进行模拟谈判。

三、小组互评

1. 各小组分别进行现场展示后,进行教师评价和小组互评。
2. 各小组撰写总结归纳优点和缺点并提出改进方案。

第四单元　精神与灵魂

单元导语

　　本单元学习重点是让学生走近企业,了解企业精神、企业灵魂。一个企业想要长久地发展下去,离不开优良的企业精神文化的传承。优良的企业精神文化不仅能使员工对企业有认同感和归属感,愿意为企业的发展做出贡献,而且能使企业保持创新与活力,在经济高速发展的道路上不被淘汰。培养中职生的企业文化素养,有利于提高他们的职业素养以及创业的能力。

　　"阅读与欣赏"部分共选取了四篇课文。《任正非:狼性文化和乌龟精神》一文通过对任正非创办华为的经历以及他所坚持的企业文化精神的介绍,向我们展示了一个具有坚韧和不断创新精神的优秀的企业家;《变形未来》一文向我们展示了雪佛兰公司是怎样抓住市场机遇重塑企业品牌形象的;《顾客至上——援助意大利飞机的故事》一文通过讲述波音公司为意大利航空公司突发情况提供帮助的事例,告诉我们企业要想在激烈的竞争中立于不败之地,必须秉承"顾客至上"的服务理念;《我眼里的海尔和张瑞敏》一文介绍了一个具有全球影响力的家电集团拥有的优秀企业文化和企业管理方式。

　　本单元"表达与交流"的口语交际部分的教学内容是"电话礼仪","应用文"部分的教学内容是应用文"策划书"。

　　本单元安排的语文综合实践活动是"洗车店策划书——学生创业策划",以帮助同学了解策划流程,学会设计策划活动。

阅读与欣赏

任正非：狼性文化和乌龟精神❶

孟弋涵

课文读导

44岁才开始创业，不惑之年始见春，任正非一手把山寨公司变成了震惊世界的科技王国，同时创立了开中国企业先河的企业治理大法。

任正非2011年以11亿美元首次进入福布斯富豪排行榜，排名全球第1153名，中国第92名；2015年入选人民网"2014中国互联网年度人物"；2016年胡润IT富豪榜，以105亿元排名第35位。他用顽强拼搏的精神诠释了成功的内涵。

这位被称为中国最有魄力、最具战略眼光和创新精神的企业家为什么能带领华为集团改写世界通信设备制造业竞争格局？相信读了这篇文章你能找到答案。

任正非❷是一个传奇，他用2万元创建了日后改写世界通信设备制造业竞争格局的华为，因此被称为中国最有魄力、最具战略眼光和创新精神的企业家。但他却始终避开媒体的聚光灯，留给外界无尽的猜测和臆想。

贫困中立下大志

1944年10月25日，任正非出生在贵州省安顺地区镇宁县一个贫困的小村庄。他的父亲任摩逊随解放军剿匪部队一同进入贵州少数民族地区协助筹建一所民族中学，一头扎进去就是几十年。他的母亲程远昭是一位中学教员，陪伴丈夫在贫困山区与穷孩子们厮守了一生。

任氏一家共有兄妹7人，加上父母共9人，生活全靠任正非父母微薄的工资维持。"当时，家里每餐实行严格分饭制，以保证人人都能活下去"。虽然贫穷，但任正非的父

---

❶ 摘自2016年第5期《法律与生活》。
❷ ［任正非］(1944—　)，贵州镇宁县人，华为技术有限公司主要创始人。

母却"从牙缝儿里挤出粮食"坚持让任正非读书。任正非从小就将"生当作人杰,死亦为鬼雄"奉为人生警句。

贫困的生活经历和英雄主义情怀让任正非弄懂了奋斗的意义。他拼命学习,19岁时带着父母的重望考上了重庆大学。这期间,他自学了电子计算机、数学技术、自动控制、逻辑、哲学以及三门外语。他始终记得离家读书时父亲对他的嘱咐:"记住,知识就是力量,别人不学,你要学,不要随大流。"任正非深知这句话的分量,为了知识而奋斗成为当时他唯一要做的事。

进入部队之后,任正非又开始钻研技术。当时,贵州省安顺地区有一家飞机制造厂,是军工企业。身为通信兵的他被抽调到这家企业参与一项代号为011的军事通讯系统工程。当时,中央军委提出要重视高科技的作用。任正非上进好学,有多项技术发明创造,两次填补了国家空白。20世纪70年代,他已经成为部队里的技术尖兵。因技术方面的多次突破,他被选为军方代表,到北京参加全国科学大会。那一年,他33岁。

如果只是按照常规的命运轨迹往下走,中国极有可能会多出一位工作努力的科研工作者。但命运却往往不会给人一条笔直宽阔的道路让你一直往前走,而是会将你置于丛林的岔路口,由你选择接下来的人生。

不惑之年重启人生

"一个44岁的男人,在经营中被骗了200万元,被国企南油集团除名,曾求留任遭拒绝,还背负200万元债务,老婆又闹离婚,他一个人带着老爹老娘、弟弟妹妹在深圳住棚屋,创立华为公司。没有资本、没有人脉、没有资源、没有技术、没有市场经验,看谁都比他强的一个人却成功逆袭,用27年时间把华为带到通信行业世界第一的位置。"这是各类励志文中被勾画的任正非的形象。

提起往事,任正非说那正是一个"生活所迫,人生路窄"的时刻,"不惑是什么意思,是几千年的封建社会环境变动缓慢,等待人的心理成熟的一个尺度。而我进入不惑之年时,人类已进入电脑时代,世界开始疯起来了。我突然发觉自己本来是优秀的中国青年、所谓的专家,竟然越来越无知。要重新起步新的学习,时代已经没时间与机会让我不惑了,前程充满了不确定性。"

最初到深圳时,任正非准备从事技术工作,或者搞点儿科研,"如果我选择这条路,早已被时代抛在垃圾堆里了"。后来,他明白了一个道理:一个人不管如何努力,永远也赶不上时代的步伐,更何况处在知识爆炸的时代。只有组织起数十人、数百人、数千人一同奋斗,你站在这上面,才跟得上时代的步伐。

1987年,为了能在这个新时代里生存下去,43岁的任正非与几位志同道合的中年朋友一起凑了21000元钱,创立了一家代理通信产品的公司。他为公司取名"华为",意为"中华有为"。在公司创立最初那两年,华为靠代理香港某公司的程控交换机获得了第一桶金。彼时,国内在程控交换机技术上基本是空白。任正非敏感地意识到了这项技术的重要性。1992年,他决定将华为的全部资金投入研制自有程控交换机技术中。

这个决定对于公司而言无疑是在冒极大的风险,但任正非仍然选择孤注一掷。在研制C&C08机的动员大会上,他站在5楼会议室的窗边对全体干部说:"这次研发如果失败了,我只有从楼上跳下去,你们还可以另谋出路。"言语间充满了悲壮。事实上,这次的孤注一掷没有让任正非失望——华为研制出了C&C08交换机。由于价格比国外同类产品低2/3,功能却与之类似,C&C08交换机的市场前景十分可观。而"自主研制技术"的策略也最终奠定了华为适度领先的技术基础,成为日后华为傲视同行的一大资本。这期间,熟读毛泽东著作的任正非还采取了"农村包围城市"的销售策略,让华为先占领国际电信巨头没有能力深入的广大农村市场,步步为营,最终占领城市,将国内市场一点儿一点儿地夺了回来。

带领华为不懈奋斗

1997年,华为将脚步迈向了俄罗斯,这是华为走向国际市场的第一步。2004年,华为在全球已进入40多个国家和地区,海外销售占总收入的40%,ADSL市场份额全球第一。2008年,华为全年共递交1737件PCT专利申请,位列2008年专利申请公司(人)排名榜上头名,被商业周刊评为全球十大最有影响力的公司。2009年,华为无线接入市场份额跻身全球第二。2013年,华为的欧洲物流中心在匈牙利正式投入运营,辐射欧洲、中亚、中东、非洲国家,作为欧盟5G项目主要推动者,华为发布5G白皮书,积极构建5G全球生态圈;华为智能手机业务获得历史性突破,进入全球TOP3。2016年,华为手机P9与莱卡合作开发双摄像头拍照系统,科技与艺术的结合再次闪耀全球。

华为的崛起让世界刮目。外界形容任正非是商战场上的"斗士"。博鳌亚洲论坛秘书长龙永图评价任正非:"在最激烈的商战当中,体现了我们中国军人传统的战斗精神。"任正非自己也不断忠告所有华为人:"不奋斗,华为就没有出路!"

任正非说,这些年,华为一直坚持不上市,有一部分原因就是担心上市会"造富"一大批公司员工,让员工越来越怠惰,从而失去奋斗者的本质色彩,失去生存的斗志。他要做的,是在民族通信工业生死存亡的关头带领企业竭尽全力,在公平竞争中自下而上发展,绝不后退,绝不低头。

国际巨头的可怕对手

要生存,就要将自己变成别人眼中的可怕对手。这就是商业世界的强者逻辑,华为也如此。英国《经济学家》杂志曾经评价华为:"这样的中国公司的崛起将是外国跨国公司的灾难。"对于这个来自中国的竞争对手,一些声名显赫的国际巨头感到了刺眼的压力。在强悍的光芒背后,华为人经历的坎坷与磨难只有他们自己知道。如何守好这来之不易的江山,捍卫华为的天下,是任正非无时无刻不在思考的事。

2000年,正当华为销售额达220亿元、利润以29亿元人民币位居全国电子百强首位的时候,任正非写下了《华为的冬天》一文,详述自己的危机感。一年后走访日本,他又在《北国之春》一文中写道:经九死一生还能好好地活着,才是真正的成功。华为没有成功,只是在成长。

正是这种对生存的渴望让任正非将目光投向远方:在别人还在做代理的时候,他倾其所有搞自主研发;当华为在国内市场所向披靡的时候,他又开始抢滩海外市场;在IT泡沫破灭、华为集体信心低下的时候,他召开董事会强调在冬天里改变格局,成功带领华为度过了电信业寒冬并在3G市场上闯出一片天地。

马丁·科尔在《最伟大的力量》一书中说:"每个人都拥有一种伟大而令人惊叹的力量。只是有的人善于挖掘和发挥这种力量,而有的人一辈子也挖掘不出。"任正非就属于前者。出生于特殊年代的任正非从小就经历了战争与贫困的折磨。生活的艰辛以及心灵承受的磨难,成就了少年任正非隐忍与坚定的性格,也让他真正理解了"活下去"的含义。正因对"活下去"拥有强烈渴望,才使后来的任正非生成了一套独有的生存哲学并成功将其运用到企业管理中,形成了今天我们所看到的华为文化。

任正非崇尚狼性文化,他要让内部紧密团结,让所有人都充满斗志,像狼一样与对手拼杀。任正非还提倡"乌龟精神"——既要有专注的定力和坚韧的耐力,又要有强大的适应环境变化的能力。

在华为刚发展那几年,任正非曾大胆放言:"10年之后,世界通信业三分天下,华为将占一分。"当时,业界老板们对这等大言不惭的放话颇为不屑,都等着看华为的笑话。而如今,这个诞生在一间破旧厂房里的"皮包"公司已经改写了中国乃至世界通信设备制造业的竞争格局,让那些曾经冷笑华为和任正非的人变得对他敬让三分。

"资源是会枯竭的,唯有文化才会生生不息。"任正非正以一个强者的姿态,书写商业界的生存法则。

70岁,一个脸上爬满了皱纹的年纪,一个完全可以卸下所有重担去肆意享受生活的年纪,而任正非却依然像战士一样,不断为他所认定的道理搭墙筑垒。

练习与思考

1. 结合课文内容谈谈你对"狼性文化"和"乌龟精神"内涵的理解。

2. 谈谈你对"资源是会枯竭的,唯有文化才会生生不息"的理解。假如你要创业,你觉得企业要走向成功需要什么样的企业文化?

3. 利用互联网收集知名企业的文化精神,谈谈令你印象最深的企业文化。

第四单元／精神与灵魂

变形未来[1]

韩 伟

> **课文读导**
>
> 　　随着电影《变形金刚》的票房大卖,"大黄蜂"的形象深入人心,成为人们茶余饭后的谈资,而"大黄蜂"的雪佛兰标志更是让观众们眼前一亮。雪佛兰汽车在现今社会已经为广大民众所熟识,那么它是怎样进入中国市场的呢?它的市场定位又是怎样的呢?
> 　　雪佛兰的成功并非偶然,而是结合了方方面面,长期努力的结果。阅读本文,思考雪佛兰是怎样在中国市场传递其"信心和内在品质"的?

　　尽管不少影评人士批评《变形金刚》有着太浓的商业味儿,但当人流涌进影院并在茶余饭后甚至上班时间偷偷在 MSN 上热议汽车人变形时,你得承认,雪佛兰品牌因此将收获颇丰。影片中,当米格拉向山姆抱怨大黄蜂为什么是辆破旧的老爷车时,他们被似乎生气了的大黄蜂请下了车,当所有观众都相信这个大脾气的家伙的确生气了时,汽车人一个漂亮转身,换作一辆光彩熠熠[2]的崭新雪佛兰跑车驶到他们面前。与大黄蜂前后形象的强烈反差和观众惊喜"哇"伴生的,是雪佛兰正在完成的自我形象重塑。

　　无论是从电影语言需要戏剧性来看,还是从通用需要商业价值来谈,这个妙趣横生[3]富有深意的镜头设计手段显然够高,通用希望通过饶有趣味的电影语言传达雪佛兰的信心和内在气质,而雪佛兰也确实需要这样的传递,尤其是在中国市场。

　　2003 年 8 月,沈阳金杯通用雪佛兰首款国产 SUV"开拓者"在多年销售不畅的情况下停产。尽管出师不利,但这个 1912 年问世至今总销量超过 1 亿辆的品牌并没放弃,2004 年回购金杯通用,2005 年重新推出雪佛兰品牌。

　　首先是别克赛欧重归雪佛兰品牌并推出新赛欧,随后先后推出景程、乐驰、乐风等一系列产品,销量开始直线上升。但是,这个通用汽车全球销量最大的品牌却一直找不到王者的感觉,由于当年赛欧"10 万元家庭轿车"概念的影响,人们自然的认为雪佛兰是低于别克品牌的产品。因此,尽管雪佛兰景程的价格要高于别克凯越,但在知道雪佛兰

---

　❶ 选自《汽车商业评论》,2007 年 8 月。《汽车商业评论》是一本以严肃、庄重态度来报道与评论的高端商业媒体,它关注中国汽车工业,同时也关注世界汽车发展动向。它凭借全球视野、专业手段、高尚品位,已经成为中国汽车界的意见领袖。
　❷ [光彩熠熠(yìyì)] 形容光彩闪耀的样子。
　❸ [妙趣横生] 形容(语言,文章,美术品等)洋溢着美妙的意趣。

品牌的大部分中国人心中,雪佛兰就是经济型车的代名词。事实上,上海通用的初衷是把雪佛兰打造成一个与别克平起平坐但差异化定位的品牌,别克定位为"商务精英",雪佛兰定位"年轻的专业人士"或者说是"知本一族❶"。

因此,雪佛兰急需改变人们的认识,体现其定位给1970、1980年代年轻人的特点。

最典型的例子是:当雪佛兰今年3月份推出新景程时,选择了与湖南卫视合作,在当家主持汪涵、音乐大师李宗盛、名模翟颖和超女尚雯婕等明星打造的"为梦想而战"的晚会中亮相。

当年靠10万元家轿概念发展起来的赛欧容易让人产生雪佛兰品牌低端的联想,因此上海通用也决定不再生产这款车了。当然,雪佛兰品牌"未来,为我而来"的崭新广告语也突破了先前"条条大道雪佛兰"的模糊定位。根据清雪市场公司最近所做的2007年度中国汽车行业品牌全景调查,与2006年相比,雪佛兰品牌的认知度在逐渐提升。2006年知道景程的用户当中62%不知道其母品牌,2007年这一比例缩小到45%;乐驰的这个数据则由65%缩小到34%;雪佛兰无提示提及率2006年仅5%。而2007年提高到8%。

现在,《变形金刚》成为提升雪佛兰品牌的一个绝好契机❷,而且雪佛兰并不是一厢情愿地在影片里意淫❸,这部片子重新唤起中国1970年代和1980年代初那个群体年幼时的美好回忆,雪佛兰也因主角❹大黄蜂的出彩表演而被这个群体知晓、喜欢或改变旧观念:雪佛兰原来也可以如此时尚、动感、高级,而这部分正在成长为各行业中坚的年轻人恰巧是雪佛兰的目标受众。美国大片的影响力确实非常巨大,《变形金刚》一上市在中国就已经刷新了票房纪录。而《汽车商业评论》的一项抽样调查发现,有50%的人以前都不知道雪佛兰这个品牌,正是通过这部电影知道的,并且印象非常好。约有20%的人开始认为雪佛兰不是一个低端品牌,而是一个时尚的品牌。

---

❶ [知本一族]以知识为本位(基础)的这么一群人。
❷ [契机(qìjī)]机会,转折变化的机缘。
❸ [意淫]意淫是一个中性词,它在很大程度上表明人对自己求之不得的事物的心理愉悦与追求。意淫在某种程度上,是一种思想碰撞的结果,是一种激发潜能的存在。
❹ [主角(jué)]影、剧的领衔主演者或处于中心地位的人物角色;主要当事人。亦作"主脚"。

如果《变形金刚》能够进一步扭转雪佛兰在华形象并变成市场上持续上升的销售量,那么毫无疑问这将成为汽车业电影营销的一个最成功的样本。现在,雪佛兰大黄蜂刚刚亮相不到一个月,接下来会发生什么呢,就让我们等等看。

练习与思考

1. 为什么说"这个通用汽车全球销量最大的品牌却一直找不到王者的感觉"?

2. 雪佛兰在中国市场是怎样传递其"信心和内在气质"的?

3. 你还知道哪些汽车品牌的发迹史?查找相关资料,试对这一品牌进行介绍。

*顾客至上
——援助意大利飞机的故事[1]

王超逸、马树林

课文读导

　　企业发展不仅取决于产品质量,还和顾客服务有密切关系。课文以美国波音公司援助意大利航空公司为例,阐述"顾客至上"的企业服务理念。学完这篇课文,对你会有什么启示呢?

　　波音公司(BOEING)是世界最大的航空航天公司。其前身是1916年由威廉·波音创立的太平洋航空制品公司波音公司,不仅是全球最大的民用飞机和军用飞机制造商,也是最大的飞机出口商之一,以销售额计算,波音是美国最大的出口商。波音公司还是美国航空航天局(NASA)最大的承包商。80多年来,波音公司始终致力于新产品的开发和探索新技术。从民用飞机、军用飞机到航天飞机、运载火箭、全球通信卫星网络、国际空间站,波音公司的用户遍布145个国家,业务部门分布于美国的20多个州和全球60多个国家,共有雇员约20万名,主要业务基地集中在华盛顿州的西雅图、南加州、堪萨斯州的威奇托、密苏里州的圣路易斯等地。波音公司由6个主要业务集团组成:波音民用飞机集团、航天与通信集团、军用飞机与导弹集团、空中交通管理公司、波音联接公司和波音金融公司,以及联合服务集团。

---

[1] 选自《最经典的企业文化故事》(2008年中国经济出版社出版)。王超逸,著名企业文化专家、管理学家、文化学家。

航空制造业头号霸主波音公司,不仅飞机质量优良,而且它在特殊情况下有效的公关活动也颇受大众称道。

1978年12月的一天,美国波音公司总部接到来自意大利航空公司的求援电话。原来,意大利航空公司的一架DC9型号飞机在地中海不幸失事,而这一航线是意航的热门航线。公司急需一架新飞机代替失事飞机。意航总裁诺狄奥亲自打电话给波音董事长威尔逊说:"如果贵公司能迅速送一架波音727型号飞机来,将不胜感激。"

此事令威尔逊颇感为难。波音727客机属中型飞机,在国际市场上很受欢迎,按常规,订购一架该型号的飞机至少需要2年,所以"迅速交货按惯例看来是不可能的"。然而,意航是波音的老顾客,它们的合作一直非常好。是灵活处理,满足顾客要求,真正体现"顾客至上"的经营原则,还是予以回绝,少担风险?从当时情况看,即使是回绝意航的要求也是在情理之中的,对于这一点,意航是可以理解的。

经过波音公司高层领导的讨论,最后做出了同意尽快支援意航一架727飞机的决议。高层领导人认为,尽管这样做会使公司承担一定的风险,但却是一次很好地宣传"顾客至上"企业文化的公关时机。这一时机也许是花再多的金钱也买不来的。

波音公司对供货日程表做了重新安排,并开展了一系列公关活动。他们很快给意航答复,表示虽然意航这种要求"不合常规",但波音坚持"顾客至上"的原则。尽管波音公司因为为意航提供"迅速交货"可能蒙受损失,但他们宁愿蒙受损失也要满足顾客需求。

一个月后,意航很快得到了新的飞机,意航的航线又恢复了正常。

"一切为了顾客"的公关活动取得了意想不到的效果。第二年夏季,波音公司董事长收到了一份新的定货报告。报告称,意航为回报波音公司临危解难的义举,取消了向道格拉斯公司订购DC10飞机的原计划,转向波音公司订购9架747大型客机,成交额高达5.8亿美元。

这份巨额定货单,既没有经过激烈的讨价还价、艰苦的谈判,也没有花费任何促销费用,这是波音公司"特别处理公关活动"的硕果。

练习与思考

1. 波音公司经过权衡利弊决定不给意航提供援助也属于情理之中,假设波音公司真的这么做了,可能会带来什么结果?

_____
_____
_____
_____
_____
_____。

2. 对比文中结果与假设的结果,能够带给我们什么启示?

_____
_____
_____
_____
_____
_____。

3. 假设你是波音公司此次事件的负责人,你会怎么做?你认为经营企业什么最重要?

_____
_____
_____
_____
_____
_____。

第四单元　精神与灵魂

＊＊ 我眼里的海尔和张瑞敏❶

秦劭斐

课文读导

　　一个成功的企业离不开优秀的企业文化和优秀的企业管理者。海尔集团创业于1984年,是全球大型家电第一品牌,经历诸多波折,颠覆传统企业自成体系的封闭系统,打造共创共赢新平台。学习本篇文章,你能从中得到什么启示?

　　第一次接触海尔,是大学刚毕业,单位组织参观学习,去的是海尔路的海尔工业园。过去的很多年,"身边无大师",我像很多住在这座城市的市民一样,很少了解海尔究竟是怎样的一家企业。第一次参观海尔的印象只有两个字:干净。我很吃惊地发现这个工厂处处洁净有序,包括洗手间。多年以后,我采访过不少企业,发现一个共同的规律:优秀的企业,没有一家不是井然有序、窗明几净的。

　　一家企业的成长也如一个人。在《富兰克林自传》里,本杰明·富兰克林❷作为美国精神文本的创造者,有一张日历表,上面井然有序地记录了每天24小时的行动计划,那是他多年如一日的坚持。本杰明·富兰克林是一个平凡人的楷模,他讲究秩序。秩序是宇宙运转之本,自然、个体、出生、死亡,都在秩序里单调地重复着。渺小的人类、单薄的个体,需要秩序的厚积。

　　在海尔创业二十周年的时候,我采访杨绵绵女士,问她:"二十年,海尔怎样实现了可持续发展?"她答:"是把一件简单的事,认真干了二十年。"她解释说:"海尔要沉下心来慢慢品。虽然谁都知道海尔文化的核心是创新,但创新要落地的,怎么落地? 没有神话,没有传奇,海尔只是把简单的事认真干了二十年。什么叫不简单。能够把大家都公认的非常简单的事,千百遍地做对就是不简单。什么叫不容易? 能够把容易的事情认真做好,就是不容易。海尔把'认真'坚持了二十年。"很多人学海尔,为什么海尔的管理模式搬不走? 它太枯燥、太认真、太辛苦,于是学的人很快就偃旗息鼓了。杨绵绵说,人有三商:情商、智商和韧商,而韧商最难获得。

　　直到今天,像日清等工作方式已经成为海尔人的一种习惯,二十多年来,一直没有停止过。就其本质而言,海尔这二十年做的那件简单又不简单的事,就是每一个员工把

---

❶ 节选自《张瑞敏管理日志》(中信出版社2008年8月版)。有改动。
❷ 本杰明·富兰克林:十八世纪美国著名的科学家、政治家。

属于自己的每一天的工作秩序认真履行了二十多年,这秩序的积累释放了巨大的能量,推动了企业的发展。张瑞敏一直认为,海尔这些年的发展没有传奇,只有认认真真、持之以恒地做了,才有了现阶段的成功。从OEC❶开始,到SBU❷,海尔就是一点一点干出来的,通过日积月累的管理进步,使生产力诸要素的组合与运行达到合理优化的状态。

再往后,作为一名记者,我在海尔发现了一群出色的管理者。

深入了解海尔,是在开始采访这个企业之后,职业让我有了就近观察这个企业的机会。以前所有对于这个企业的好奇,让我逐渐找到了答案。

日清日高❸"6S ❹大脚印"、流程再造、SBU、人单合一❺、信息化革命……一个企业的发展轨迹里,创新和超越成为企业的灵魂。

在海尔井然的秩序背后,有一群出色的管理者。随着接触到的海尔人越来越多,海尔在我眼里,不再仅仅是一台高效平稳的机器,而是意味着一群人,一群勤奋的企业管理者和自我管理者,依靠他们不懈的努力和创新突破,企业被推向一个又一个高峰。

在海尔我发现了不少员工的故事,他们在不同的位置上实现了自己的梦想。我采访过一个叫李志超的工人。"我知道,在海尔,努力就能成功。"李志超言语朴素,还有点儿腼腆。

如今,李志超已经是海尔的一名明星员工,荣誉繁多:"海尔集团十佳岗位能手""青岛市焊接技能大赛状元""青岛市优秀共青团员"。而当年,李志超的梦想仅仅是"争取成为一名合同工人"。现在他的目标是什么?李志超说是成为一名工艺经理或者质量

---

❶ [OEC] 英文"Overall Every Control and Cliear"的缩写。海尔的这种管理方法可以概括为:总账不漏项,事事有人管,人人都管事,管事凭效果,管人凭考核。

❷ [SBU] 英文"Strategical Business Unit"的缩写。海尔将管理人员分为三类:S级为战略决策者,B级为业务执行者,U级为基层操作者。与国际通行的"SBU是一个事业部"不同的是,在海尔SBU可以是一个团队,也可以是个人。

❸ [日清日高] 每天的工作当天完成,而且每天的工作质量都有一点儿(1%)提高。

❹ [6S大脚印] 海尔加强生产现场管理的一种方法。红框白地上印有两个大脚印,正上方高悬着6S标语:"整理、整顿、清扫、清洁、素养、安全"。

❺ [人单合一] 每个人都有自己的订单,都要对订单负责,而每一张订单都有人对它负责。

经理。谈到这个理想的时候,李志超眼里闪着希望。"在海尔,有好的企业文化熏陶,周围有那么多榜样可以学习,有氛围,有好的制度,不成功都是不可能的,"李志超强调说,"企业给了我们这样的机会,只要珍惜,不断努力和学习,成功就不是一种空想和夸夸其谈。"

个人成才后的李志超,现在已经是一名"小老板"。目前海尔推出了"生产经营体"机制,借助这个平台,李志超从一名"打工者"变成了"小老板"。他经营着一个焊接"项目团队",像经营自己的小公司一样参与生产线的经营:进一步提升个人技能,帮助团队成员,提高产品质量,降低生产成本。团队现在的目标是"让焊漏为零",李志超说。

"人才管理和培养"是大多数公司都聚焦的课题,2006年,《财富》中文版评选最受赞赏的中国公司,海尔位于榜首。关于"最受赞赏",文章有这样两段话:

对全球最受赞赏公司的研究,验证了我们常常在思考和讨论的问题,即领导力发展、人才管理和培训、企业文化建设、执行力提高对企业生存发展至关重要。

很难找到像海尔这样不断创造奇迹又打破奇迹的公司了,而这也是其不断领先并获得商界尊重的重要原因。

海尔人的勤奋也是出了名的,在压力和梦想面前,我看到不少海尔人为自己的职业付出了艰辛与忍耐,勤劳的人值得尊重。"我发现,幸福几乎总是辛勤劳动的结果"(戴维·格雷森语),这是一群并不比别人拥有更高智商的普通人,勤奋的企业性格构成了海尔发展的基石。

在我年复一年采访海尔的日子里,对海尔的印象不是一家企业,而是一个群体,一群胸怀大志的追梦人。

在海尔的管理群体之上,你最终将会发现张瑞敏作为领袖的不凡。

2004年2月末的一个下午,在海尔工业园,我采访张瑞敏,他娓娓道出一番心声:"希望在我退休之前,海尔能成为世界最具影响力的十大品牌。"

当时,张瑞敏已伴随海尔走过十九个春秋,十九个春秋的积淀,让外人轻易读不懂他的内心,以及他不停歇的头脑风暴。海尔十九年的历史已经成为一个奇迹,其发展速度惊人、管理理念超前,每年到海尔参观学习的人达四十万之多,但没有一个人敢说,真正读懂了海尔,读懂了张瑞敏。

张瑞敏带领海尔这艘大船乘风破浪,其可敬之处不是简单的在于有一个创造世界品牌的崇高理想,而在于五万海尔人能把这个崇高的理想变成现实。

知易行难。

1984年12月,踏着寒风走进那个连门窗都不全的街道小厂,没有人告诉张瑞敏该怎么做,中国企业管理中几乎没有可以借鉴的经验,一切只有摸着石头过河。

张瑞敏在中国古典哲学和西方现代管理学中寻找入门路径。

没有相应的能力,就得着手培养这些能力;没有可以借鉴的方式,就得创造相应的方式;没有现成的手段措施,就得推敲制定出可行的、有力的、有效的方法。

　　由此,名牌战略阶段海尔借鉴了日本的全面质量管理,实现了管理从无序到体系的跨越;多元化阶段完善了"日事日毕、日清日高"的 OEC 管理模式,实现了管理体系的延伸;而国际化阶段的市场链流程再造已经走出改良,实现管理学上颠覆式的创新;主题上,员工由管理的客体变为主体,这是对泰勒科学管理的颠覆;主线上,以订单为主线,是对日本年功序列制的颠覆;主旨上推出 SBU,是对韦伯层及理论的颠覆……

　　海尔二十多年在管理上的成功,确保了这样一艘大船在残酷的市场竞争中稳健航行,并成为企业管理创新的国际典范。

　　张瑞敏孜孜以求的是为中国民族工业创造一个真正的世界名牌。有记者问张瑞敏:"把一个企业的发展目标与一个民族理想合二为一,您是怎样想的? 不累吗?"

　　张瑞敏回答说:"创世界品牌的路很长、充满艰辛,但如果大家都不去做,中国永远就没有机会。再苦再难,也要打造一个世界名牌,因为一个国家没有世界名牌,就很难跻身于世界民族之林,海尔愿做一个先行者。"有人评价张瑞敏说:"这像在做苦行僧!"

　　张瑞敏是一个古今中外管理文化的集大成者,儒家思想又是他的管理文化的底蕴。张瑞敏特别强调"内圣外王",也就是孔子所讲的"修己以安人"。或者说先"修身齐家",再谈"治国平天下"。很少有人能理解张瑞敏,他拥有天才的商业思维,他的想象力超乎寻常,超乎一般人的时空图像。

　　也许有时候,张瑞敏对自己也有困惑,在海尔生涯中,他思考过、正在思考、将要思考的问题太多了,而且每每要与复杂的社会万象联系,从哲学的抽象到现实的琐碎。

　　这是一种苦思冥想,仿佛要压迫人的骨头吱吱作响,为了自我超越而自我加码、自我挑战。

　　对于现在海尔这样一个庞大的企业来说,每一步都是生死攸关,如果把它想象成一艘大船,那就是一旦倾倒,就无力回天。

　　有一篇题为《世界上"最难的事"——做五百强的老板》的文章,列举了现今世界上最杰出的几个心力交瘁的 CEO。现在想来,世界上要是还有比这更难的事情的话,那就是在中国现行的基础上,做追求"世界品牌"的老板了。

　　张瑞敏的坚定、厚重、苦楚、矛盾,以及他的孤独,是多年采访给我的感觉。

　　然而,他并不如你想象中的孤傲,他的语调总是沉缓有力和谦和,无论眼前的人是谁。有一次采访是在冬天,一进门的时候,他微微向前欠了欠身,微笑地示意我坐下,并说:"先喝杯水,暖和暖和吧。"细节可以反映一个人的内心,他在海尔奋斗的二十多个春秋中凝练的气度与精神,真实而有分量。

练习与思考

1. 结合课文和实际生活,谈谈你对杨绵绵说的"人有三商:情商、智商和韧商,而韧商最难获得"的理解。

2. 文章提到海尔明星员工李志超,从李志超身上,你能看到个人职业素养的历练与企业成功之间有什么关系吗?

3. 请你简要概括海尔的企业文化,并说说张瑞敏是一位怎样的领导者。

口语交际——电话礼仪

电话已成为现代社会的重要通信工具。在日常工作中,使用电话的语言很关键,它会影响到公司的名誉;在日常生活中,人们通过电话也能粗略判断对方的人品、性格。因而,掌握正确的、礼貌待人的打电话方法是非常必要的。

电话交谈礼仪,应注意以下几方面问题。

(一)把握好电话交谈的时间

电话交谈的时间包括打电话的时间和通话时长。

(1)打电话的时间。除非有特别紧急的事情,一般不在早上7:00以前、就餐时间或晚上10:30以后打电话,因为这几个时间段打电话有可能会打扰对方休息或用餐。

(2)通话时长。通话时间一般以3~5分钟为宜,不宜过长。如果打电话的时间须5分钟以上,而又没有提前预约,应该向对方说明要办的事,征询对方是否方便。如果对方不便就另约时间。但凡重要的电话,通话之前应做充分的准备,这样既可以节约时间又可以抓住重点,条理分明。

(二)使用恰当的交谈语言

在电话交谈中,恰当的交谈起始语和结束语有利于塑造良好的个人和公司形象。

(1)恰当的起始语。恰当的起始语是指对接打电话人在电话接通时第一句话的语言要求。对打电话的人来说,首先应该自报家门,如:"我是李媛的同事王华,请问这是李媛家吗?"其次,打电话找人时称谓要明确,不能直接用简称,如:"我是老王,找小赵接电话!"打电话的人没有说明自己是哪个老王,也没有明确找哪个小赵,会使接电话的人犯糊涂。对接电话的人来说,如果是在单位上班时间接电话,应亲切地自报单位名称:"您好,(这是)××单位,请问您找谁?"要记住,接电话时,应有"我代表单位形象"的意识,口齿应清晰、悦耳。如果是在家接到电话,可以说:"您好,请问您找谁?"或直接说:"喂——,您找谁?"声音要亲切、柔和。需要注意的是,在商务交往中,切记接电话时以"喂、喂"或者"你找谁?你是谁"作为"见面礼"。

(2)巧妙的结束语。一般来说由打电话的一方先提出结束谈话,致告别语。打电话的人挂电话前应该说"谢谢!再见!"或"抱歉,打扰您了!"如果认识对方家人,还可以对家人表达问候:"请代我向您家人问安。"这样会增进彼此的情谊。如果接待的是你的客户,也可以使用一些惯用的客套话,比如:"很高兴与您通话。""希望近日还能见面。"如果对方说话太啰唆,聊些无关紧要的事情浪费时间,你可以有礼貌地说:"对不起,我还有些事情要去办,以后再谈可以吗?"如果对方是长辈、上级、外宾或女性,要等对方先放下话筒。电话交谈,要坚持"您好"开头,"请"字在中,"谢谢"结尾。

(三)选择合适的语气语调

由于电话交谈看不到表情神态,情感态度的传递大部分靠的是语气语调。一般来说,让对方感到亲切自然的声音是清晰明朗、语气适中、语调稍高、尾音稍长。使用合适的语气语调,目的是让对方感到你亲切自然,是带着微笑在说话。

除此之外,接打电话还应注意一些细节,如:接电话应迅速,一般应在电话铃响三声之内接听,最好在听到一次完整的铃响后即拿起话筒,让对方长时间等候是不礼貌的。

(四)案例

【案例一】

接线生:您好!上汽大众,请问您要和谁通电话呢?

客户:我想了解贵公司斯柯达系列产品。

接线生:好的,请稍等,我帮您转接业务代表,感谢您的耐心等待!

业务代表:您好,我是业务员李成,请问需要什么服务呢?

客户:我想了解贵公司斯柯达系列的产品,你们有目录可以寄给我吗?

业务代表:当然可以,请问您的大名是……

客户:我叫汪超,你能寄给我有关各种产品和价格的资料吗?

业务代表:可以的,请问贵公司的名称和地址?

客户:我这里是王氏集团,地址是城隍路113号,邮编是201911。

业务代表:对不起,邮编是……

客户:201911。

业务代表:汪超先生,谢谢您。请问您是怎么找到我们公司的呢?

客户:是在电视上的广告看的。

业务代表:请问您是对我们所有的斯柯达产品有兴趣,还是有某些特定要求?

客户:我想了解你们所有的产品及价格,如果我能有目录那就太好了。

业务代表:我很乐意提供目录给您,事实上我今天下午会在您附近,我可以把目录直接拿给您吗?

客户:我不急着今天要目录,如果你要来也可以。

业务代表:汪超先生,我知道您的时间宝贵,我今天下午的时间很有弹性,什么时候拜访最好呢？今天下午两点还是四点呢？看您认为什么时间最好？

客户：我并不想约时间见面，我只想先看看目录。

业务代表：没关系，只要您先给我一些资料，让我了解怎么样满足您的需求，也许我可以带您实地了解一下，让您看到我们的品质，因为您真的无法从目录上看出产品的品质，您同意吗？

客户：有道理，那请两点来好了。

【评析】

这是一则电话交谈成功的礼仪案例，主要体现在以下几个方面：

(1)接线员和业务代表都主动向客户问好，坚持用敬称和礼貌语，营造良好的电话交谈氛围。

(2)接线员及时转接相关部门并感谢对方等待。

(3)业务代表明确客户要求并在礼貌地基础上积极掌握交谈的主动权。

【案例二】

前情介绍：

利达公司销售部刘小姐要生小孩了，为了不影响公司的工作，在征得上司同意后，她请自己最好的朋友陈小姐暂时代理了她的工作，时间为一个月。刘小姐把工作交代给她，并鼓励她努力干，准备在产假回来后推荐陈小姐顶替自己。某一天，经理外出了，陈小姐正在公司打字，电话铃响了，陈小姐与来电者的对话如下。

来电者：是利达公司吗？

陈小姐：是。

来电者：你们经理在吗？

陈小姐：不在。

来电者：你们是生产塑胶手套的吗？

陈小姐：是。

来电者：你们的塑胶手套多少钱一打？

陈小姐：35元。

来电者：30元一打行不行？

陈小姐：不行的。

说完，"啪"挂上了电话。

经理回来后，陈小姐也没有把来电的事告知经理。

【评析】

案例中的陈小姐由于在接电话时不注意电话交谈的基本礼仪和要求，给客户留下了不好的印象，直接损害了公司的利益。本案例中，首先，陈小姐应注意接电话的用语，如"请问有什么可以帮您？""抱歉，经理还没有回来，您方便留言吗？"其次，在对方询问塑胶手套价格是否可能优惠时不应擅自武断否定,可以委婉地说:"抱歉,这事我不太了解。"或"我已经把您的问题记下来了,等经理回来后他给您回电话可以吗?"最后,应等客户挂电话后再放下话筒。

练一练

1. 阅读下面电话交谈的语言,你是否有"似曾相识"的感觉,你平时在电话交谈中犯过类似的错误吗?请你指出下列电话交谈中的错误之处。

(1)"喂,老师你在哪儿?我找你有事。"

(2)"喂,帮我找一下你们公司的小王。"

(3)"您好!这里是前锋汽修服务公司,请问有什么可以帮您?"
"我给你们投的简历怎么还没有回复?"

2. 以小组为单位,根据下列提供的情景进行电话交谈模拟练习,各组推荐组员在全班进行展示,师生点评。

情景一:王伟是某外贸公司经理助理,公司一位客户打电话找经理,恰逢经理外出,王伟接了电话。

情景二:江城生病了,打电话给班主任李老师请假去看医生。

情景三:周末,李红打电话到曾艳家想约曾艳出去玩。

应用文——策划书

(一)文体知识

策划书是对某次未来的活动或事件进行策划并展现给读者的文本。它把活动的相关程序、内容和应注意的事项列出来,指示相关人员在特定时间内执行,是实现目标的"指路灯"。撰写策划书就是用现有的知识开发想象力,在可以得到的资源的现实中最可能的达到目标。它要求条理清晰,内容具体明确,执行性强。

(二)写作方法

1. 策划书名称

策划书名称包括"策划单位+策划内容+文种",置于页面中央。如"××空调湖南地区市场营销策划书"。

2. 活动背景

该部分内容应根据策划书的具体特点对活动的基本情况、主要执行对象、近期状况、组织部门、开展活动的原因、社会影响以及相关目的动机有选择性的进行介绍。

3. 活动目的、意义和目标

该部分应用简洁明了的语言将目的要点表述清楚;在陈述目的要点时,应该明确写出该活动的核心构成或策划的独到之处及由此产生的意义(经济效益、社会利益、媒体效应等)。活动目标要具体化,体现重要性、可行性、时效性。

4. 资源需要

列出所需人力资源、物力资源,如人员安排、使用场地。可以列出已有资源和需要资源两部分。

5. 活动开展

作为策划的正文部分,表现形式要简洁明了,使人容易理解,但表述方面要力求详尽,写出每一点能设想到的东西,没有遗漏。在此部分中,可用文字表述,也可适当加入统计图表等。对策划的各工作项目,应按照时间的先后顺序排列,绘制实施时间表有助于方案核查。人员的组织配置、活动对象、相应权责及时间地点也应在这部分加以说明,执行的应变程序也应该在这部分加以考虑。

这里可以提供一些参考:会场布置、接待室、嘉宾座次、赞助方式、合同协议、媒体支持、校园宣传、广告制作、主持、领导讲话、司仪、会场服务、电子背景、灯光、音响、摄像、信息联络、技术支持、秩序维持、衣着、指挥中心、接送车辆、活动后清理人员、合影、餐饮招待、后续联络等。可根据实际情况自行调整。

6. 经费预算

活动的各项费用在根据实际情况进行具体、周密的计算后,用清晰明了的形式列出。

7. 活动中应注意的问题及细节

内外环境的变化,不可避免地会给方案的执行带来一些不确定的因素,因此,当环境变化时是否有应变措施,损失的概率是多少,造成的损失有多大,应急措施等也应在策划中加以说明。

8. 活动负责人及主要参与者

注明组织者、参与者姓名、嘉宾、单位(如果是小组策划应注明小组名称、负责人)。

(三)写作要求

1. 条理清晰,内容全面

策划书要把所有计划的活动内容、活动过程按顺序写清楚,让执行者一目了然。策划内容要全面,预测到可能出现的问题并事先做好应对准备。

2. 可操作性强

编制的策划书是要用于指导具体工作的,对参与活动的每个人的工作及各环节的处理都要明确,可操作性要强。

3. 创意要新颖

策划要有创新性,内容、表现手法、活动方式都要新颖,这样才能有吸引力。

(四) 写作范例

【例文一】

上海汽车集团2016年度年终总结大会策划书

一、年会主题

上海汽车集团2016年度年终总结会

二、年会目的与意义

增强员工凝聚力,总结过去成绩,安排来年工作,表彰先进,树立楷模,激发员工奋发上进,使大家感受到企业大家庭的温暖。

三、年会时间

2016年12月29日14:30—21:00

会议时间:14:30—17:30

晚宴时间:18:00—21:00

四、年会地点

家园酒店一层多功能宴会厅

五、年会参会人员

公司全体员工(900人)

六、年会流程与安排

本次年会的流程与安排包括以下两部分:

(一)年终大会议程安排

14:20 全体参会员工提前到达指定会堂,按指定排座就位,等待员工大会开始。

14:30—15:30 会进行第一项,各部门及各项目负责人上台分别做年终述职报告。

15:30—15:45 大会进行第二项,由行政人事部负责人上台宣读公司各部门及项目主要负责人人事任命决定书。

15:45—16:00 大会进行第三项,副总经理宣读优秀员工获得者名单;优秀员工上台领奖,总经理为优秀员工颁发荣誉证书及奖金;优秀员工代表发表获奖感言。

16:00—17:30 大会进行第四项,总经理做总结性发言。

17:30 大会结束,员工散会休息,酒店布置晚宴会场。

(二)晚宴安排

18:00 晚宴正式开始,晚宴主持人引导大家共同举杯,祝福大家新年快乐,祝愿公司的明天更加美好。(背景音乐)

18:00—19:00 用餐时段:公司领导及员工到各桌敬酒,同事间交流沟通,增进彼此感情拉近彼此距离。

19:00—21:00 娱乐时段

1. 文艺节目(2个节目)。

2. 游戏活动。

游戏1:萝卜蹲。

游戏规则:7个人分别取名为赤萝卜、橙萝卜、黄萝卜、绿萝卜、青萝卜、蓝萝卜、紫萝卜,随机选取一个X颜色开始,该成员做蹲起动作的同时说"×萝卜蹲,×萝卜蹲,X萝卜蹲完Y萝卜蹲"说完的同时用手指相应的Y萝卜成员,指的时候说错萝卜颜色或被指到时未及时做蹲下动作者淘汰。以此类推,最后一位留下的胜出。

3. 文艺活动(3个节目)。

4. 游戏活动。

游戏2:抢凳子,用具包括5把椅子,围成一圈。

游戏规则:将椅子围成一圈,响音乐,6个人转圈围着椅子走,音乐停,6个人抢坐,没有抢着的输。

5. 文艺节目(2个节目)。

6. 游戏活动。

游戏3:坐气球比赛,用具包括3把椅子、各装10只气球的3个箱子。

游戏规则:2个人一组,共3组,一个人递球,一个人坐球,限定时间为3分钟,3分钟后,箱子内剩的气球最少的胜出。

7. 幸运抽奖活动。

用具:抽奖箱、卡片49张、乒乓球49个。

每个人手里有一张带数字的卡片,在乒乓球上写上相应的数字,放进抽奖箱,指派专人分别抽至四等奖。

8. 主持人邀请获奖员工上台合影留念。

七、年会准备及相关注意事项

1. 年会的通知与宣传:集团办公室于今天向各部门及各项目部发出书面的《关于年终总结会的通知》,对本次年会活动进行公示和宣传,达到全员知悉。

2. 条幅的制作:红底黄字字符,具体文字内容为"上海汽车集团年终总结大会"。

3. 物品的采购:抽奖礼品、生肖礼品、游戏奖品、大会席位人名牌(会议用)、纸、笔、员工席位卡(晚宴用)、会场布置所需气球、拉花、花篮;游戏所用乒乓球拍、乒乓球;抽奖箱;会议所需矿泉水、晚宴所需酒水、各类干果小食品。

4. 现场拍照:提前安排好相关人员携带数码相机,做好大会及晚宴活动现场的拍照工作。

八、经费预算(略)

【评析】

这是一篇企业年终总结大会策划书。除了简单介绍会议的主题、目的、时间、地点外,详细列出了会议流程与具体安排,这部分是会议活动策划书的核心部分。会议策划流程明晰、细致,会议活动策划书突出热烈、喜庆的年后气氛,年会活动安排设计互动性强、参与度高。

【例文二】

××职业学校"捐赠旧衣物,学习雷锋精神"策划书

一、活动主题

捐赠旧衣物,学习雷锋精神

二、活动背景

衣旧情深,送温暖爱心!随着我们生活水平的不断提高,很多学生都有闲置不用的旧衣物,将这些衣物扔掉是对资源的浪费。在这三月学雷锋的日子,为了帮助贫困山区生活困难的孩子,让爱如春天的阳光洒满大地,我们将开展旧衣物捐赠活动。

三、活动目的和意义

号召大家献出自己的爱心,将闲置不用的衣物重新分配利用,帮助贫困山区的孩子们,让他们感受到来自社会的关心和爱护。在全校营造乐于奉献,关爱他人的良好氛围,宣传雷锋精神。

四、活动时间

2015年3月5日—6日 9:00—12:00,13:00—17:00

五、活动地点

南校区操场

六、活动流程安排

1. 前期准备

(1)海报宣传。

两张海报,一张为捐赠旧衣物倡议书,一张为宣传海报。

(2)倡议书安排。

倡议书印制300份,活动现场宣传。

(3)条幅宣传。

共制作2条条幅,一张供南校区捐旧衣物活动现场捐赠者签名用,另外一张宣传用。

(4)器材准备。

此次活动需要桌子1张,供活动现场记录和条幅签名用。装衣物用的箱子或编织袋50个。水性笔10支,登记表30份,太阳伞1把。

2. 正式活动

(1)活动责任分配。

①活动的海报、倡议书、条幅由宣传部负责。

②器材准备由组织部负责。

(2)具体过程。

①活动两天由2个小组共10名同学轮班，一个小组值完一上午后由下一小组接替，值班成员不得擅离岗位，有事需请假并得到负责人的允许。每个小组有组长1名，组员4名。组长负责维持现场秩序，2个人负责登记，2个人负责收集整理，交接班时由小组长负责通知下一个组长，每个组长必须事先联系好自己的组员。

　　②负责登记者及时登记好捐赠者姓名、联系方式，记录同学们反馈的关于此次捐衣物或者对于本次活动提出的宝贵意见，并对每位捐赠衣物的人表示感谢。并让捐赠者在横幅上签名留念，横幅将在活动结束之后展出。

　　③负责收集整理者注意查看衣物是否合格，并分类收装，如上衣、下装、被褥等分类存放。

　　④若有突发事件，由学校青年志愿者协统一商定解决，如果仍不能解决，上报学校。

3.后期工作

(1)打扫活动现场，收好活动器材、工具。

(2)保存这次活动的相关资料，宣传部完成相关新闻稿。

(3)把同学们捐赠的衣物整理好后由组织部和外联部联系社会志愿者将衣物拖走。

　　联系人：李冰　　电话：××××××××××

(4)将捐赠者的信息进行整理，然后张榜公布捐赠结果(只写出捐赠者名字，不写具体捐赠物)，与食堂商量贴在食堂外，8号张贴出来。

七、捐赠要求

(1)请捐赠干净的衣物。

(2)御寒衣物为主，如果有棉被、床单等也需要。

(3)衣物不能太旧，必须完整无缺。

(4)最好能先清洁消毒干净，已用过的内衣和鞋帽及传染病人的衣物不捐赠。

八、活动预算

(1)宣传费用(含横幅2条、海报2张、倡议书300份等)：共计150元。

(2)其他活动材料费用(如登记簿、水性笔、编织袋等)：共计120元。

活动费用总计：270元。

九、活动负责人及主要参与者

活动负责人：李四　电话××××××××××

主要参与人：张三(学校学生会办公室)

　　　　　　电话××××××××××

　　　　　　王明、马田、刘阳(学校学生会宣传部)

　　　　　　电话××××××××××

　　　　　　冯源(学校学生会后勤部)

　　　　　　电话××××××××××

【评析】

这是一份内容具体、语言简洁的策划书。它从活动背景、活动目的和意义、资源需要、活动步骤、活动预算以及活动负责人几方面进行说明。相关人员看到这份策划书就很清楚这次活动的整体安排,知道自己在这次活动中应该完成哪些任务,有了问题应该与谁联系等。

练一练

1.你是学校志愿者协会的一名成员,每周末志愿者协会都会组织一些社区公益活动。临近春节,社区空巢老人在浓烈的年味中倍感孤独,为了关爱空巢老人,让他们感受到社会的关爱和喜庆的过年氛围,本周末协会决定探访空巢老人,给他们送温暖。请你为协会写一份策划书。

2.假设你刚应聘为某护肤美容公司的销售,公司为了宣传最新推出的美容产品,决定利用十一黄金周开展促销活动,请你为公司写一份促销策划书。

创业策划方案
——洗车店策划书

 活动目的与任务

1.让学生了解策划流程,学会写策划书。
2.培养学生的沟通、合作能力。

 活动流程

一、活动准备
查阅与"洗车店创业"相关的资料。
二、活动过程
1.小组活动:教师指导,根据收集的资料写作"洗车店创业"策划书。
2.组内互评:筛选推荐组内优秀策划书。

三、小组互评

1. 每组推荐一份策划书上台展示,进行教师评价和小组互评,班级评选出优秀策划书若干。

2. 各小组撰写总结,归纳优点和缺点并提出改进方案。

第五单元　科技与人文

单元导语

　　科学技术的进步在给人类带来极大便利的同时,也给社会文化、伦理道德、生态环境等方面带来了危机和挑战。我们应当把科技发展放在一个更广阔的人文环境中,用历史的眼光、前瞻的视角、哲学的思辨来权衡科技,让我们的社会能够轻松地在科技与人文环境下和谐发展。

　　本单元"阅读与欣赏"部分选取的四篇文章都是围绕科技与人文这个主题的。《声讯时代为什么要重读经典》一文作者针对现在的流行阅读和"读图时代"提出自己的思考,倡导大家多阅读经典,以获得对于古典美、传统美的认识与理解,从而更好地将含蓄而深邃的中华文化传承下去;《移动的倾诉》一文通过几个有趣的小故事告诉我们,手机作为现今世界上最先进的通信工具给人们的生活方式、思维方式带来的巨大影响和改变;《桥之美》一文作者以画家的标准和眼光,发掘桥在不同环境中所产生的美学效果,文中所揭示的一些美学原则,如讲究对比、变化、和谐等,可以作为通用的原则来进行一些审美活动;《城市的文物与文化》一文作者提出在科技高速发展的当今社会,城市变得越来越现代化了,在城市建设发展中如何保护城市的文物与文化成为大家最为关心的问题,文中赞美了法国人为保护城市古老文化付出的努力,表达了对中国文物与文化保护工作现状的担忧。

　　本单元"表达与交流"的口语交际部分的教学内容是"应聘","应用文"部分的教学内容安排了"求职信"。

　　本单元安排的语文综合实践活动是"模拟求职应聘会",以帮助学生通过模拟应聘,了解求职面试的技巧,为今后求职面试打下基础。

声讯时代为什么要重读经典[1]

徐 鲁

课文读导

在流行阅读，快餐式阅读，网络文学泛滥的年代，我们从阅读中究竟得到了什么？本文作者为什么要提出重读经典？读完本文，相信你会有自己的观点和判断。

有一种观点认为，人类进入后工业文明，尤其是进入高科技和声讯网络时代之后，声讯和光影将逐渐取代语言文字，纸品书乃至语言文字写成的文学将不再成为人们主要的阅读对象，人们将进入一个彻底的"读图时代"了。

这种观点其实只说到了这件事情的一个方面，即声讯时代给人们带来的阅读革新的一面。而对另一面，即声讯时代给我们的语言文字带来伤害的一面，却没有说到。我甚至觉得，声讯时代对于纯文学，对于传统观念上的文学而言，有点像潘多拉的盒子[2]，它使我们的语言文字遭到了前所未有的"瘟疫"的袭击。

"瘟疫"这个词是意大利学者和作家卡尔维诺的一个说法。他有一部很有名的演讲录，生前把讲稿都已准备好了，1985年在准备动身前往美国哈佛大学讲学的前夕，不幸因脑溢血逝世。他的讲稿被人整理出版了，起了个书名叫《给下一轮太平盛世的备忘录》（这是台湾的译本。香港牛津大学出版社有一个译本叫《未来千年备忘录》）。这本书的第三章中，就专门讲到了声讯时代来临之后对语言文字的侵害，他用了"瘟疫"一词。他的原话是：

有时候，我觉得人类最特殊的才能——即用字遣词的能力，似乎感染了一种瘟疫。这种瘟疫困扰语言，其症状是缺乏认知与临即感，变成一种自动化反应，所有的表达化约为最一般性、不具个人色彩而抽象的公式，冲淡了意义，钝化了表现的锋芒，熄灭了文

---

[1] 摘自《重返经典阅读之乡》，上海教育出版社2001年9月第一版。徐鲁（1962— ），山东即墨人。1962年生于山东胶东，1982年毕业于武汉师院咸宁分院中文系。1992年加入中国作家协会。

[2] ［潘多拉的盒子］潘多拉是希腊神话中世间第一位女人。她私自打开了宙斯让她带给厄庇米修斯的一个盒子，盒子里的疾病、疯狂、罪恶、嫉妒等祸患一起飞了出来，只有希望留在了盒子里，人间从此有了各种灾祸。现在潘多拉的盒子常用来比喻灾祸的来源。

字与新状况碰撞下所迸放的火花。

对他这段话,我们使用电脑写作的人可能会有同感。一个软件,有时已经给我们设定了一些通用的单词和词组。这些单词和词组是公共的,千篇一律而不再具有什么个人色彩了。它们大致可以表达我们想表达的意思。多半时候,我们为了省事,为了求快,而只好不假思索地使用这些单词和词组。它们绝对不会错,然而我们从此却失去了个人的语言风格。我们不再去推敲和寻找最准确、最细腻、最富表现力的词语了。而往往这些最细微的词语是最能显示风格的文字。我们就这样失去了精确与多样的风格。

这种失去就是卡尔维诺所说的瘟疫感染的结果之一。

除了语言文字上的这种损失,还有思想上、文学精神上的损失。这方面的损失就更大了。

声讯时代,大多数人追求的是流行阅读、快餐式阅读。这些阅读使我们获得的是感官上的轻松,表层上的享乐,而不可能进入大脑,沉淀于心。有许多人已经看到了,流行阅读只能使人们获得"生命中不能承受之轻"。

真正的文学和文学阅读,都应该是进入一种境界,而不仅仅是一种简单和本能化的交流。即如目前被宣扬得沸沸扬扬的"网络文学",其实大多数并没有给我们的社会和人生带来什么严肃和深刻的思考,而只是一些私人话语的无序展示和群体语境的重复交流。那种网络文学必将取代传统意义的文学写作和文学阅读的说法,只是声讯时代的一个神话。李敖甚至认为所谓"网络文学"和厕所文学是同义词(这当然也是偏激之言了)。

事实的确是,声讯时代的大部分与流行、时尚相关的阅读,都与精神、灵魂、思想、哲学、生命、本质等无关,甚至背道而驰。对我们来说,这同样是一场"瘟疫"。

卡尔维诺也曾分析过,这种瘟疫的来源,除了声讯光影等后工业文明的直接结果之外,还"应归咎于这个时代的政治、意识形态、官僚体系的一元化、大众媒体的垄断乃至学校散播平庸文化的方式"等。

总之,我们的文学在这个时代面临着危机。每一个有点文学修养和文学良知的人其实都感到了这种危机。

文学其实正在远离文学。

作家也不再是传统意义上的作家了。

有些作家的创作始终就是一种商业行为,瞄准网络,瞄准电视、晚报、晨报、周刊等大众媒体,只求一日之寿命。

不再有多少人想写一部有生命力的作品了。

当所有的文学成了"速成"的东西,也就同时决定了它"速朽"的命运。

我们可以设想,靠着这样一批"速成"的东西支撑,未来的文学史家将怎样来写这个时代的文学史。

他们也许要睁大眼睛寻找:文学到哪里去了？作家在哪里？

事实就是这样。这是一个可怕的客观存在的事实。

假如我们还需要文学,那么我们必须来抵抗这种声讯时代的"瘟疫"。

用什么来抵抗？当然不可能"以恶制恶",那样只能变成扼杀文学的"合谋者"。

唯一的抵抗方式,我认为就是我们今天谈论的这个话题:应该重返经典阅读之乡,应该"重读经典"。

有一个例子很能说明问题。俄罗斯一直是一个充满书香的国度。据说,不同的年代里(即使是战争期间),人们从未放弃经典阅读,甚至集体农庄的农妇,都可以为你背上一段普希金的诗或契诃夫的剧本台词,国民素质一直很高。然而进入后工业文明时代后,这么好的阅读传统在苏联却渐渐式微❶了。流行阅读代替了经典阅读。结果是,人们的精神状态日趋萎靡,社会风气急剧败坏,到最后,整个国家也解体了。有识之士总结说,毫无办法,这是必然的结果,意料之中的事儿。因为,老一辈俄罗斯人,都是读着普希金、屠格涅夫、果戈理、陀思妥耶夫斯基和列夫·托尔斯泰所提供的精神养料成长起来

的,他们心灵坚强、宏大、高尚,而现在的一代人,不读这些作家的作品了,没有这样的精神养料了,所以也就有了这样的结果。他们最后得出的结论是:什么样的社会,产生什么样的畅销书;反过来,什么样的畅销书,什么样的阅读,也产生什么样的社会。

苏联的这个教训是有道理的。

流行阅读所提供给人的东西,哪能和普希金、果戈理们所提供给他们的精神养料相比呢？那是一种天壤之别！

美国人是聪明的。他们也许正是从俄罗斯的经历中得到了启发,引起了警惕,所以他们这些年一直在倡导阅读经典。我从一份资料上看到,美国教育机构仅为高中学生求学期间列出的必读的经典书目就有20部之多。我们不妨看一下这一个书目:莎士比亚的《哈姆雷特》、弥尔顿的《失乐园》、柏拉图的《理想国》、奥斯丁的《傲慢与偏见》,马克思和恩格斯的《共产党宣言》、陀思妥耶夫斯基的《罪与罚》、托尔斯泰的《战争与和平》、马克·吐温的《哈克贝利·费恩历险记》、惠特曼的《草叶集》、爱默生的《演讲集》,等等。

这是美国高中在校生的必读书目,而且教育部门规定,这些书目"数十年不变,且要参加相关内容的考试"。

相比之下,我不知道,我们的大部分硕士研究生是否都已读过这些不朽的经典性作品。至少,我敢肯定,我们的高中生乃至大学生中的大部分,在校期间是不会去为自己开列这样一个书目的,我们的教育部门似乎也没有这种眼光。

---

❶ [式微]指事物逐渐地由兴盛而衰落。

美国为什么这样搞？当然意在培养新一代人的思想素质和文学艺术素养。他们是要以这些伟大作品所展现的宏大、高尚、开阔的精神境界去帮助新一代抵抗丑恶，改造贫乏和平庸，远离虚无和轻浮，同时也获得对于古典美、传统美的认识与理解，从而更好地创造自我、创造世界。

自然，在这种经典阅读的同时，他们也并不排斥对流行阅读和声讯、光影的亲和。但亲和之中他们却有了一种"抗体"。他们有了对古典美和现代美双重的敏感和认识判断能力、接受能力。

而我们呢？

我们当然应该认识到这一点，必须尽快地重返经典阅读之乡。

只有从经典阅读中，我们才能获得一种抗体，抵御"瘟疫"。

练习与思考

1. 阅读全文，找出作者的观点。

2. 作者认为声讯时代使我们的语言文字遭到了前所未有的"瘟疫"的袭击，这里的"瘟疫"是指什么？

3. 作者在文中提到了俄国和美国，这两个国家分别对流行阅读采取了什么样的方法？导致了什么样的结果？

4. 你喜欢的经典作品有哪些？请向同学推荐一部。

移动的倾诉[1]

南 帆[2]

课文读导

科技的发展以及信息化大时代的到来给人们的生活带来了翻天覆地的变化。手机的普及大大缩短了人们之间的距离,人们的沟通变得越来越便捷。很多时候,短短几分钟的电话就能把棘手的问题解决。人们的生活已经越来越离不开手机了。

本文通过一个个生动有趣的手机故事,描述了手机带给人们的方便、尴尬甚至危险。仔细阅读文章,想想这些故事表现了人们对手机的什么态度?你是如何看待的?体会文章生动、幽默和风趣的语言特点,思考其中包含的情趣追求与人生哲理。

一

人们习惯把移动电话称为手机。这部握在掌心的小机器光滑、柔顺,闪烁的小指示灯如同一只机灵的小眼睛眨个不停;铃声突然响起,莺啼婉转。恍然之间,藏在掌心的仿佛是一只喂熟了的小鸟。

现在,手机几乎像手表那么普遍了。许多人动不动就从口袋里摸出手机,大庭广众之下开始旁若无人地说话、嬉笑,如同一晃闪入了另一个世界。很难想象,这部小机器的肚子可以轻松地吞进一个人所有的社会关系。即使在天涯海角,只要伸出手指漫不经心地在按键上拨出一个组合数码,沉寂的社会关系立即在一个小屏幕后面声口毕肖地复活。一部小机器可以让我们随时随地插入既定的社会关系网络,这肯定是信息社会的一个神奇的发明。世界尽在掌中——这种话昔日是用来形容巫师们手里的法宝的。

固定电话是某一个场所的附属物:一套住宅,一间办公室,一个公用电话亭等。打电话的人必须进入这个场所。再权威的耳朵也无法改变这种结构。只有手机才真正属于个人。现在,那一根要命的电话线再也绊不住人们的双脚了。人们可以将一个号码揣

---

[1] 选自《散文选刊》2004年第3期。

[2] [南帆]1957年出生于福建省福州市,本名张帆。主要从事中国现当代文学和文学理论研究。已经出版《阐释的空间》《文学的维度》《隐蔽的成规》《文本生产与意识形态》等学术专著、论文集多种,发表论文二百多篇。曾经获得各种奖项四十多种,另有多部散文随笔集出版。

在口袋里走上街头,或者奔赴遥远的异地。移动电话与固定电话的差别犹如动物与植物的差别。一棵树只能扎根于原地,静待栖息的鸟儿;一只鸟儿却可以四处飞翔,制造各种新的可能。每天晚上拨打一部固定的电话,这是情节不变的想念;犹犹豫豫地拨打另一个再三背诵的手机号码,铃声竟然在背后响起,这就是令人喘不过气的惊喜了。

刚刚加入上班一族,最为渴望的就是购买一部手机。年轻的手掌握住属于自己的机器犹如握住了世界一般激动。配备手机是白领们的成年仪式,这就像时髦的少年必须到网上冲浪一样。当然,手机与网络的结合就是顶级生活了。如今,"拥有全球通,万事好成功"已经堕落为一个土气十足的标语,移动网络的广告才真正写出了"小资"们所向往的风光——《飞一般的我》:

谁说蹦迪时不能 E – Mail?

谁说逛街时不能 Q?

谁说飞车时速100公里时不能打理银行业务?

谁说没看报纸就不知天下事?

……

有移动梦网

就有飞一般的生活和

飞一般的我!

二

信息产业部提供了一个令人咋舌的数字:中国现有一亿七千六百万的手机用户。我突然想到,我们是不是过于热爱手机了?

尽管会场明文通知关闭移动电话,那些西装革履的与会者还是不愿意遵命。形形色色的铃声此起彼伏,气氛紊乱。打来电话的人远比主席台上那一个高谈阔论的家伙重要。这是为什么?什么消息如此引人?或者,人们正在等待一个不同凡响的决策吗?

其实什么也没有。只来过一个无足轻重的电话,告知星期六晚上麻将桌上三缺一,有空来凑个数。尽管如此,多数人还是打开手机殷勤地待命。打开的手机表明了一个姿态:不愿无声无息地沉没在芸芸众生之中。手机不会漏掉外界的任何一个召唤,我们愿意另一些人随时可以找到自己。手机铃声将证明,我们没有被热热闹闹的社会所遗弃。所以,手机的首要功能不是主人打出去,而是让他人打进来——哪怕仅仅是麻将桌上三缺一的消息。这的确有些奇怪。自己破费购买的工具竟然是首先照顾他人的使用,这就像自己的名字是供别人呼叫的一样。

几个装修房子的民工赤裸着上身,使劲地敲打一堵墙壁。他们身上褴褛的短裤已经被汗水浸透。有趣的是,两个民工的腰带上都挂着手机。由于身体的剧烈动作,手机在他们的腰间不停地上下颠簸，十分累赘。这是沉默的机器，似乎从来没有响起过。他们每餐的菜金不足一元，晚上挨挨挤挤地窝在一间租来的破烂民房里。可是，他们竟愿意花钱供养一部手机。这部小机器介绍另一份短工的机会微乎其微，但是，把它别在腰间就是一种标志——标志自己与五光十色的现代生活之间保持了一条连线。这是一个重要的安慰。

现今，手机已经如此普及，以至于没有手机的人必须拥有一份特殊的骄傲。他们必须花费许多口舌解释：为什么拒绝现代文明——是蔑视众生的清高，还是行踪保密的要人？

三

通常，手机不会被另一副耳朵接听；这部小机器带有强烈的私密风格。所以把手机号码告诉他人是一种亲近的表示。那些狡猾的手机广告商总是有意将私密风格与风流韵事衔接起来。北京的许多地方都能见到一幅手机广告，广告的主题是"爱情速递"——"情"字的竖心旁用一枝玫瑰花代替？诺基亚在"以人为本"的著名口号之下拟定了新的广告词："生活充满激情。"多数手机的广告画面总是选择风情万种的俊男靓女充当通话主人公。这是"生活充满激情"的暧昧注解。许多电视连续剧之中，手机是爱情游戏的必备道具。我曾经听到一个老头子唆使他的儿子阻止儿媳购买这玩意儿。他赤裸裸地教训他的儿子：你怎么那么笨，只有搞外遇的人才需要手机！

其实，手机的私密性很不可靠。一封邮寄的情书只有两个当事人知道，而每一次通话都会在电话公司留下记录。警察可以随时调出电话单充当证据。窃听或者监控一部手机比对付固定电话容易得多。许多惊险影片都有这样的情节：特工不仅知道他们跟踪的间谍在手机里说些什么，而且知道他身在何处。当然，训练有素的间谍完全清楚软肋所在，通话结束后，他们挥挥手将打开的手机扔在垃圾箱里，从而让那些乘坐轿车疾驰而来的特工们扑一个空。

的确，这部小机器的独特秉性已经可以制造很多意想不到的事件了。一个歌迷打开手机进入剧场，从而让远方的朋友共享某一个著名歌星的演唱，这是友谊；一个官员打开手机进入小会议厅，从而让另一个等待提拔的官员听一听别人如何评价他，这是阴谋；一个小偷在主人回来的时候匆匆躲进衣橱，可是他身上的手机却出其不意地响起来，这就是倒霉了。如果某个人想割断昔日的生活，一个简单的做法就是注销手机的号码，或者干脆把手机扔了。

来电显示是手机的首创。可是，手机屏幕上显示的陌生号码往往搅得人们心神不宁。许多人下意识地将陌生的电话掐断——有什么必要为了一个打错的电话浪费通话费呢？可是，几分钟以后，不安、好奇、期待等又止不住地涌来。那个陌生号码的背后隐藏了一张什么样的脸？是否一个新的机遇正在交臂而过？或者一个骇人的警告被忽略了？心中的问号是掐不断的。听到敲门声之后没有看到敲门的人,我们多半会追到大街上去。于是,终于忍不住用手机打回去——喂,你是哪一位?

这些故事的累积已经足以诱惑我撰写一本小册子:《移动电话社会学》。

四

《移动电话社会学》肯定会提到手机的历史。手机还真的威风过。那时手机的诨名叫"大哥大",一部两三万元。一批"款爷"雄赳赳地走上街头,手里拎砖头大小的"大哥大",确实气势逼人。回到办公室,"大哥大"硬邦邦地往大班台上一戳,展现出一副不可一世的姿态。如今这副派头过时了,想要炫耀的人只能把话说得响亮一些:我的手机二十四小时开着,出国不出国都一样。

相对地说,官员们的风格要内敛一些。许多官员把手机搁在秘书那里。人们常常可以看到,秘书们端着接通的手机一溜小跑地找他们的主子。主子们似乎不屑于亲自管理这部小机器。其实,这些官员的裤袋里还有另一部手机,号码通常秘不示人,登记这部手机的名字也不是官员本人。这些手机不会有铃声响起,它们被设置为无声的振动状态。大腿的外侧突然麻了一片,这就是一个机密的电话到了。家人的询问?一桩秘密的交易?一份特殊的情报?一个神秘的女人?

一个神秘的女人在酒吧里喝得半醉。她嚓地拉开了真皮手提包,里面并排地插着五部手机。她对身边那个英俊的小伙子说,这五部手机的铃声各不相同,每一部手机的背后都有一个显赫的权势人物。她与他们在某些秘密的时刻单线联系。抽了一支烟之后,神秘的女人又从手提包里摸出另一部崭新的手机塞到了小伙子手里:这部手机交给你。只有我知道这部手机的号码,也只有我才能打这部手机找你。当然,我负责这部手机的一切费用。

一个小伙子刚刚购买了一部手机,他迫不及待地将号码通知许多人。几天过去了,仍然没有人给他打电话。他甚至怀疑这部新买的手机是不是出了毛病。小伙子忍不住拖过桌上的固定电话拨打自己的号码,一阵悠扬的铃声从裤袋里传来。小伙子如释重负地笑了。尽管他现在仍然形影相吊❶,但是,他相信这一部小机器即将给他源源不断地送来生活的万千滋味。

五

若干年前,一个老头躲进一个避风的街角,战战兢兢地用手机给儿子打了个电话。

---

❶ [形影相吊]形容非常孤单,无依无靠。

通话结束后,他警觉地看了看四周,然后用一块手帕将手机包好,轻轻地搁在手提包里,拉上拉链。这部手机是儿子从异国带回的礼物,怎么说也是一个贵重物品。老人家怎么也想不到,这么快手机就臭了大街。时髦的姑娘满不在乎地将手机晃荡晃荡地吊在胸前,如同一个廉价的装饰物。

  的确,手机正在成为个人形象的装饰品。花哨的,稳重的,款式新颖与否或者手机上拴哪一种饰物,这都说明了一个人的身份。一边走路一边利用手机发号施令,这是一种很"酷"的风格。有力的手势,三言两语,啪的一声合上手机的翻盖,一个魄力十足的形

象跃然而出。有趣的是,甚至手机的铃声也具有了装饰功能。许多人都愿意自己的手机铃声别具一格。一种新款的手机接到电话时会有一个童声响起:"有电话!有电话!"如果旁边的人吓了一跳,主人就会得意一阵子。一个音乐家编了一段古怪的乐曲充当手机铃声。每回他的手机响起,周围都会笑倒一片。几个朋友到伦敦的一家中国餐馆吃饭,餐馆女老板的手机铃声竟然是《义勇军进行曲》,异乡的游子一下子就怦然心动!

  其实,手机的普及并没有使同事或者家人更加亲密;甚至相反,这个新奇的玩意儿还隐藏了许多令人头疼的问题。丢失手机往往比丢失钱包更严重。手机里贮存的许多个人资料——例如,个人电话本——会不会落入歹徒之手? 这并非杞人忧天。另一方面,手机的辐射与脑癌之间的关系一直是一个让人无法释然的恐怖话题。尽管如此,手机还是无可阻挡地侵入我们的生活,主宰我们的生活。我们至少明白,记住一个人的身份证号码或者护照号码毫无用处,只有记住手机号码才能找得到他或者她。

  "全球通"是一个心高气傲的口号。卫星发射的移动通信讯号确实可以覆盖全球了。然而,当初肯定没有人料到,民航班机竟然会成为手机的死角。手机的信号可能干扰民航通信系统,飞机上严禁手机通话。飘浮在万米高空,命悬一线的时候,最为渴望听到的是亲人的声音。然而,此刻这一台小机器却被迫休克。如同一种补偿似的,飞机落地的时刻,所有乘客口袋里的手机都兴奋起来,竞相向不同的远方报告平安。

  某一个傍晚,我反复地拨打一部手机的号码。我反复听到的是电脑合成的声音:"对不起,您所拨打的电话已关机。"手机主人乘坐飞机的时间已经远远超出了预计,我的不安在持续增加。就在我开始绝望的时候,手机突然接通了。虽然还没有听到那一声熟悉的"喂",我已经情不自禁地热泪盈眶。这个时刻我开始相信,手机绝不仅仅是形象的装饰——这部小机器已经植入我们的生命,就要成为身体之中一个不可或缺的电子器官了。

第五单元 / 科技与人文

练习与思考

1. 文中提到"手机的首要功能不是主人打出去,而是让他人打进来",你同意这种观点吗?请说说理由。

2. 文章通过一个个生动有趣的小故事来描述人们对手机的不同态度,请你在课文中选取一个感兴趣的小故事,复述给同学听,并说说这个故事表现了人们对手机的什么态度。

3. 在当今信息时代,手机已经和我们的生活密不可分。学生基本上也是人手一部,有些学生不分场合、不分时间使用手机。手机上网看到的不健康的内容,使用手机引发的攀比心理等问题让越来越多的老师和家长担忧,请你谈谈学生应该怎样正确使用手机。

119

*桥 之 美[1]

吴冠中

> **课文读导**
>
> 本文是一篇带有说明性的小品文,课文以画家的标准和眼光,发掘桥在不同环境中所产生的美学效果。引领我们用"另一种眼光"去看美好的景物。文中诗意的描写性文字与带有说明性文字相向杂出,让人受到美的熏陶的同时,也获得了一些美学常识。

"我走过的桥比你走过的路还长",现在大概很少有人用这口吻教训后生小子了!人生一世自然都要经过无数的桥,除了造桥的工程人员外,恐怕要算画家见的桥最多了。

美术工作者大都喜欢桥,我每到一地总要寻桥。桥,多么美!"小桥流水人家",固然具诗境之美,其实更偏于绘画的形式美:人家——房屋,那是块面;流水,那是长线、曲线,线与块面组成了对比美;桥与流水相交,更富有形式上的变化,同时也是线与面之间的媒介,它是沟通线、面间形式转变的桥!如果煞它风景,将江南水乡或威尼斯的石桥拆尽,虽然绿水依旧绕人家,但彻底摧毁了画家眼中的结构美,摧毁了形式美。

石拱桥自身的结构就很美:圆的桥洞、方的石块、弧的桥背,方、圆之间相处和谐、得体,力学的规律往往与美感的规律相拍合。不过我之爱桥,并非着重于将桥作为大件工艺品来欣赏,也并非着眼于自李春的赵州桥[2]以来的桥梁的发展,而是缘于桥在不同环境中的多种多样的形式作用。

茅盾故乡乌镇的小河两岸都是密密的芦苇,真是密不透风,每当其间显现一座石桥时,仿佛发闷的苇丛做了一次深呼吸,透了一口舒畅的气。那拱桥的强劲的大弧线,或方桥的单纯的直线,都恰好与芦苇丛构成鲜明的对照。早春天气,江南乡间石桥头细柳飘丝,那纤细的游丝拂着桥身坚硬的石块,即使碰不见晓风残月,也令画家销魂!湖水苍茫,水天一色,在一片单纯明亮的背景前突然出现一座长桥,卧龙一般,它有生命,而且往

---

[1] 选自《吴冠中人生小品》。吴冠中(1919—2010),著名画家,江苏宜兴人。曾留学法国,1950 年回国后曾任教于中央美术学院等校,在油画、水墨、彩墨速写及艺术理论和文学创作等方面均造诣卓著。

[2] [赵州桥]又称安济桥,建于隋朝年间公元 595—605 年,由著名匠师李春设计建造,距今已有 1400 多年的历史,因桥体全部用石料建成,当地称作"大石桥"。

往有几百上千年的年龄。人们珍视长桥之美。颐和园里仿造的卢沟桥只17孔,苏州的宝带桥❶53孔之多,如果坐小船沿桥缓缓看一遍,你会感到像读了一篇史诗似的满足。广西、云南、贵州等省山区往往碰到风雨桥,桥面上盖成遮雨的廊和亭,那是古代山水画中点缀人物的理想位置。因桥下多半是急流,人们到此总要驻足欣赏飞瀑流泉,画家和摄影师们必然要在此展开一番搏斗。

张择端在《清明上河图》里将桥作为画卷的高潮,因桥上桥下,往返行人,各样船只,必然展现生动活泼的场面,两岸街头浓厚的生活情调也被桥相连而成浓缩的画图。矛盾的发展促成戏剧的高潮,形象的重叠和交错构成丰富的画面,桥往往担任了联系形象的重叠及交错的角色,难怪绘画和摄影作品中经常碰见桥。极目一片庄稼地,有些单调,小径尽头忽然出现一座小桥,桥下小河里映着桥的倒影,倒影又往往被浮萍、杂草刺破。无论是木桥还是石桥,其身段的纵横与桥下的水波协同谱出形与色的乐曲。田野无声,画家们爱于无声处静听桥之歌唱,他们寻桥,仿佛孩子们寻找热闹。高山峡谷间,凭铁索桥、竹索桥交通。我画过西藏、西双版纳及四川等地不少索桥,人道索桥险,画家们眼里的索桥却是一道线,一道富有弹性的线!一道孤立的线很难说有什么生命力,是险峻的环境孕育了桥之生命,是山岩、树丛及急流的多种多样的线的衬托,才使索桥获得了具有独特生命力的线的效果。

南京长江大桥远看也是一道直线,直线美不美?直线是否更符合新的审美观?不宜笼统地提问,不能笼统地答复,艺术形式处理中,往往是失之毫厘,差之千里❷。为了画长江大桥,我曾爬上南京狮子山,就是想寻找与桥身的直线相衬托、呼应、引申的点、线、面!为了画钱塘江大桥,我曾两次爬到六和塔背后的山坡上,但总处理不好那庞大的六和塔与长长的桥的关系,因而构不成画面。虽然滨江多垂柳,满山开桃花,但脂粉颜色哪能左右结构之美呢!成昆路上,直线桥多,列车不断地过桥、进洞,出洞、过桥,几乎是桥连洞,洞连桥。每过环形的山谷,前瞻后顾❸,许多桥的直线时时划断陡坡,有时显得险而美,有时却险而不美,美与险并不是一回事。

摄影师和画家继续在探寻桥之美,大桥、小桥,各有其美。有人画鹊桥,喜鹊构成的桥不仅意义好,形式也自由,生动活泼。凡是起到构成及联系之关键作用的形象,其实也就具备了桥之美!

---

❶ [宝带桥]又名长桥,始建于唐元和十一年至十四年(公元816—819年),是古代汉族桥梁建筑的杰作。全桥用金山石筑成,桥长316.8米,桥孔53孔,是中国现存的古代桥梁中,最长的一座多孔石桥。现桥由明清两代修建。

❷ [失之毫厘,差之千里]意思是相差虽小,而造成的误差或错误极大。毫、厘,计量的小单位。

❸ [前瞻后顾]看看前面再看看后面。形容做事以前考虑周密谨慎。

练习与思考

1. 作者认为桥之美体现在哪几方面？用简洁的语言归纳。

2. 说出下列句子中运用的说明方法及其表达效果。

(1)桥，多么美！"小桥流水人家"。

(2)湖水苍茫，水天一色，在一片单纯明亮的背景前突然出现一座长桥，卧龙一般，它有生命，而且往往有几百上千年的年龄。

(3)不过我之爱桥，并非着重于将桥作为大件工艺品来欣赏，也并非着眼于自李春的赵州桥以来的桥梁的发展，而是缘于桥在不同环境中的多种多样的形式作用。

(4)颐和园里仿造的卢沟桥只17孔，苏州的宝带桥53孔之多。

3. 体会下列句子所表达的情味。

(1)茅盾故乡乌镇的小河两岸都是密密的芦苇，真是密不透风，每当其间显现一座石桥时，仿佛发闷的苇丛做了一次深呼吸，透了一口舒畅的气。

(2)早春天气，江南乡间石桥头细柳飘丝，那纤细的游丝拂着桥身坚硬的石块，即使碰不见晓风残月，也令画家销魂！

第五单元／科技与人文

** 城市的文物与文化❶

冯骥才❷

> **课文读导**
>
> 本文是作者访问法国时所写的一篇文化考察随笔。文章通过细致描写巴黎老街老屋的独特风貌及埋藏在其斑驳外表下的浓重的历史感,引出对保护城市文化这一命题的思考。文章叙议结合,描写细腻,主题突出,目的明确,有很强的现实性和针对性。

有一种说法:到美国去看新的,到欧洲去看老的;还有一种类似的说法:在美国想未来的事,在欧洲想历史的事。如果世上的任何道理,都是在讲事物的一个侧面,我看上边的说法没错。欧洲的名城全都浓浓而优美地充满着历史感,尤其是雅典、罗马与巴黎。

巴黎的历史感,并不仅仅来自于埃菲尔铁塔、凯旋门、罗浮宫和圣母院。那是旅游者眼里的历史,或只是历史的几个耀眼的顶级的象征。巴黎真正的历史感是在城中随处可见的那一片片风光依旧的老街老屋之中。

在这里,墙壁差不多全老化了,斑驳、脱落、生苔,并被大片簇密又婆婆的常春藤覆盖;阳台上美丽的铁栏大多锈红;铺在地上的方形石块也已经磨圆,走在上边感觉更像大鹅卵石;那些石头台阶仿佛睡了一夜的枕头那样,中间部分生生地被踩得凹陷下去;又窄又弯的街巷,很少阳光通明,而总是被斜射下来的光束切割得一段明媚而灿烂,一段塞满黑黑的阴影。可就在这阴影里,常常会埋伏着一家老店,是面包店、酒店、鞋店还是书店?咖啡店总是香味四溢,店铺门上书写的年号只有在历史书上才能找到;至于店里陈设的瓷盘、画片和早年的遗物等,就是这家老店独有的迷人的见证了。

---

❶ 本文选自 2000 年 6 月 12 日香港《大公报》。
❷ ［冯骥才］(1942—),祖籍浙江宁波,当代著名作家。

不要只用旅游者的眼睛去看，找一位这街上的老人聊一聊，也许他会告诉你毕加索曾经常和谁在这里见面；莫泊桑坐过哪一张椅子；哪一盏灯传说来自凡尔赛宫或爱丽舍宫，当然最生动的还是那些细节奇特的古老的故事。这时，你会忽然明白，巴黎那浩大而深厚的文化，正是沉淀在这老街老巷——这一片片昔日的空间里；而且它们不像博物馆的陈列品那样确凿而冰冷，在这里一切都是有血有肉，活喷喷的，生动又真实，而且永远也甭想弄清它的底细。如果这些老街老巷老楼老屋拆了，活生生的历史必然会失散、飘落、无迹可寻。损失也就无法弥补！

从城市保护的角度看，文物与文化不是一个概念。

文物是指名胜古迹。它们多是历史上皇家与宗教遗产中的精华，显示着一个城市文化创造的极致，自然是要首要保护的。

文化的内容却广泛得多，更多的表现在大片大片的民居中。它是城市整个生活文化的载体，也是城市真正的独特性之所在。就好比北京的城市文化特征不是在故宫，而是在胡同和四合院里。但要保护起来并非易事。

记得与一位文友在电视上谈城市保护时，这位文友说："北京比天津古老得多，也经典得多，紫禁城、天坛、雍和宫、颐和园，天津有吗？要保护首先是北京。"显然这位文友把文物与文化两个不同意义的事物混淆了。文物之间可以划分品级，文化之间却是完全平等的。各个民族、地域、城市的文化都是自己一方水土独自的创造，都是对人类多元文化的一己贡献。失去了自己的文化，就失去了自己的个性特征，乃至一种精神。从文化整体上说，也就失去了其中一个独特的文化个性。

然而，巴黎的过去和我们今天一样，也经受过现代化的冲击。特别是二十世纪五六十年代，高楼大厦要在巴黎市中心立足，成群的汽车都想在老城区内冲开宽阔的大道。老城区的街道狭窄，房子的设施陈旧，卫生条件差，供电不足，从实用的角度完全有理由拆掉和另建新楼——这些理由被房地产商们叫嚷得最凶。现在使我们为之倾倒的古老又迷人的沃日广场，在当初差不多已经被宣布了死刑。尽管法国最早的城市保护法颁布于1913年，但受保护的数万座建筑都属文物，没有民居。1943年以来的保护法规定有了进步，开始注重文物的"历史环境"，名胜古迹方圆五百米之内的所有民居建筑都受保护，但从民居的角度看还不过是沾了名胜古迹的光，并没有独立的民居的保护条例。这由于名胜古迹是一座座建筑，比较好保护；民居是一片片城区，而且其中良莠掺杂，产权分散，很难规划。世界无论哪个国家，城市保护的最大问题都不在名胜古迹而在民居方面。那么究竟是谁把巴黎这大片大片的老屋老街原汁原味地保护下来了？

是巴黎人自己！是他们在报上写文章，办展览，成立街区的保护组织（如历史住宅协会、老房子协会等等），宣传他们的观点——这些老屋绝非仅仅是建筑，这些老街也绝非仅仅是道路，它们构成了"历史文化空间"。巴黎人的全部精神文化及其长长的根，都深深扎在这空间里。而且这空间又绝非只属于过去。在文物中历史是死的，在这文化中历史却仍然活着。从深远的过去到无限的未来，它血缘相连，一脉相承，形成一种强大和进展的文化与精神。割断历史绝不是发展历史，除掉历史更不是真正地创造未来。因此，他们为保卫这空间而努力数十年。如今这些观点已经成了巴黎人的共识。巴黎已经有了清晰的民居保护区和严格的保护民居的法规。特别是1964年法国建立了"文物普查委员会"，对本土的文化资源进行彻底又细密的清点，具有历史文化价值的民居便进了国家文化遗产的视野之中。这些，在阿尔斯纳尔馆——巴黎城市规划展览中心的彩色图表和电视屏幕上，都会一目了然。在保护区内，老屋老街享有名胜古迹同样的待遇。即使维修老屋，也必须获得政府有关部门批准；尤其临街的老墙是大家共享的历史作品，不准损害分毫。而这些老屋的房主们还会得到政府的经济补贴。一位巴黎人对我骄傲地说：巴黎到处是工地，但不是建新的，而是维修老的。为此，这里的官员们为了赢得选民们的票数也要大唱保护主义的高调，取悦于选民。当保护城市文化的愿望已经成为一种自觉而顽强的民意，谁还会为巴黎的文化操心与担心？如果再去问"难道巴黎人不想舒舒服服住上现代化的大房子"，岂不是可笑的吗？

我思考着我们与他们的距离。

刚到巴黎的第一天，主人从机场接我们去旅馆。天色很晚，车子穿过华灯璀璨的夜巴黎，一头扎进一条漆黑的窄巷，停在一家小旅店的门洞口。待进了店，店员不叫我们把箱子放进电梯里，因为这种20世纪60年代以来装配在老房子里的电梯最多能乘载两个人。我们只能提着重重的箱子沿着旋转的铁梯爬上三楼，而卧室又小又斜，其中一个墙角尖尖的大概只能立一根扫帚。可是推开卫生间的门，里边却是意外的漂亮舒适，设施十分先进。第二天醒来转转看看，才明白这座旅店原来考究之极，家具全部仿古，整座楼处处都陈设着古老的艺术品。推开窗是一个很小的天井，上边红瓦蓝天，四面墙爬满青藤。此时天已深秋，叶子半绿半红，图画一般美丽。一扇扇窗子镶在其中，窗框漆着白漆。我忽然生出一种错觉——会不会哪扇窗子一开，邦斯舅舅或娜娜伸出头来？

第二天一早，我的主人来旅店见面就问我：

"这旅馆怎么样？习惯吗？"

"很美。应该是典型的巴黎吧！"我说。

我的主人听了特别高兴，而且整整一天都十分愉快。这便是巴黎人的观念，也是他们的一种情感——他们为自己生活其中的文化而骄傲。我还想听听她于此再说点什么，但一忙，没有往下说。后来我遇到一位城市保护专家，一句话把我的思考引向深入："城市的精神重于它的使用。"

除了巴黎人，谁还会这样想？我们？

练习与思考

1. 迅速阅读全文,说说作者是如何区分城市的文物与文化这两个概念的。

    _____
    _____
    _____
    _____
    _____。

2. 阅读第9、10自然段,说一说巴黎人是怎么样保护城市文化的。

    _____
    _____
    _____
    _____
    _____。

3. "城市的精神重于它的使用。除了巴黎人谁还会这么想?我们?"说说文章结尾的含义。

    _____
    _____
    _____
    _____
    _____。

4. 你赞同作者关于文物与文化关系的论点吗?试举一些具体的例子来阐述你的观点。

    _____
    _____
    _____
    _____
    _____。

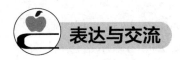
表达与交流

口语交际——应聘

口语交际中的应聘,是指应聘者在求职面试中接受聘问。面试时,招聘方以考官对考生的面对面交谈与观察为主要手段,考察应聘者的求职动机、业务技能、表达能力等,从而做出聘用与否的决定。

对于应聘者,面试既是自我展示、自我推荐的机会,也是加深对招聘方了解的时机,便于做出明智的抉择。

(一)应聘前的准备工作

1. 事先了解应聘单位的基本情况

具体问题可包括:单位的工作性质、人员结构、组织结构、工资标准、用人原则及择人倾向等。对用人单位基本情况的掌握,能让自己做到知己知彼,同时有助于面试时回答面试官提出的问题。

2. 准备好回答个人情况及技能面试

预先准备在面谈时可能遇到的问题,并做好回答的预想,以及回答求职信或简历表上的相关内容,即对自己的个人资料要熟悉。若你所应聘的工作需要某种特殊的知识或技能,如操作机器的能力、打字的速度,在面试时,很有可能被问到或被要求当场测验。所以,最好在参加面试前,温习相关知识和练习有关技能。

3. 着装力求简洁大方,展现出自信

衣着要整洁得体,避免穿太鲜艳或花哨的衣服、紧身衣裤或牛仔装。女性不宜化浓妆,忌轻浮的举止。指甲要修剪整齐、干净,头发梳洗干净整齐。鞋子清洁,不沾泥沙。

(二)面试时的交谈技巧

面试的常规方式是招聘方根据招聘条件和要求,与应聘者进行交谈。一般来说,招聘单位通过面试想了解两个方面的内容:一是应聘者的基本情况,即学历、经历、专业特长、学习成绩等;二是应聘者的素质情况,即求职意向、个人素养、潜在能力等。面试也可能采用组织讨论的方式进行。面试官提出一个或多个论题,让多个应聘者展开讨论,从应聘者自由发言的言谈举止中,观察了解其个人学识程度、解决问题方法、组织协调能力、团队合作精神、仪表风度气质等。在交谈过程中,应聘者要注意讲话自然诚实、简洁明确、礼貌得体,切忌吞吞吐吐、含糊其辞,或是高谈阔论、信口开河。

1. 善于倾听

在面试过程中,应聘者对面试官的谈话应全神贯注、细心聆听,以表示对话感的兴趣。在听对方谈话的过程中,应聘者还应不时发出表示听懂或赞同的暗示信息,让面试官的谈话愉快地进行下去;如果一时没有听懂或者有疑问,可委婉地提出一些有针对性的问题,让对方觉得你在专心听其讲话,以赢得好感。

面试官为了全面深入考察应聘者,常常在谈话中带有一定的隐蔽性和迷惑性。应聘者要善于从对方的话语中听出弦外之音,及时调整自己的谈话内容。切忌因为急切而贸然打断面试官的谈话,迫不及待地发表自己的意见。这样只会招致对方的反感。

2. 机智应变

应聘者在回答面试官提出的问题时要从本人的实际情况出发,不夸大、不缩小。面对自己不知、不懂的问题时,不要回避、闪烁其词、不懂装懂,诚恳坦率地承认自己的不足,反而会赢得面试官的信任和好感。

当面试官设置"圈套式"问题时,应聘者要注意运用灵活的语言表达技巧,避免谈话一开始就把话讲死了。否则,很容易将自己置于尴尬境地。如面试官提出这样的问题:"你对琐碎的工作是喜欢还是讨厌,为什么?"这是一个"圈套式"问题,若回答喜欢,似乎有悖我们的实际心理,若说讨厌,似乎每项工作都有琐碎之处。我们可以这样表达自己的态度:"琐碎的事情在绝大多数工作岗位上是不可避免的,如果我的工作中有琐碎事情需要做,我会认真、耐心、细致地把它做好。"

总之,在应聘的过程中,既要充分展示自己的能力,又要讲究策略,举止得体,谈吐得当,争取给招聘单位留下一个良好的印象,为自己打开一扇成功的大门。

(三)案例

【案例一】

面 试

本田4S店前来校园招聘,需要汽车修理工3名,要求高中以上文化程度,身体健康,无不良嗜好,有工作经验者优先。××职业学校汽车运用与维修专业毕业生王明前去应聘。一周后,他收到面试通知。面试在本田4S店修理车间的会议室进行。面试官为公司和车间领导各一名,两名技术管理干部。

问:请介绍一下你的情况。

答:我叫王明,是××职业学校汽车运用与维修专业的毕业生,今年19岁。我父亲是一名汽车驾驶员,从小我就喜欢跟着他跑车,对汽车有着特殊的感情。我们所学的主要专业课是汽车构造、汽车修理和汽车电气。我的文化课成绩一般,但专业课在班级里很优秀,我还利用寒假期间考取了驾照。

问:你的爱好和特长是什么?

答:我喜欢长跑,它让我懂得再大的困难也要坚持到底,让我养成吃苦耐劳的精神品格,锻炼了我的身体和意志。我的特长是电器修理,在我们家小区院子里,哪家的家用电器坏了都会来找我的。

问:在今天面试的20个人中,你最年轻,又没有实际工作经验,如何证明你是最优秀的?

答:首先,我要感谢各位领导给我面试的机会。就应聘条件而言,我也许并不占优势。上职业学校后,几乎每个假期我都在我家附近的一个修理车间帮忙,叔叔伯伯们喜欢我勤学好问,教给我不少"绝活"。在毕业实习的时候,带我的师傅已经放心地让我独当一面了。有一次,一位顾客开来一辆新款的进口车,说是车上的一个电器坏了,跑了好几个地方都没有修好。实习车间的几个师傅又看不懂英文说明书。我揽下了这个活儿,很快就解决了问题。顾客十分满意,这件事也得到了实习单位领导的赞赏。现在社会科技发展十分迅速,我深知我的所学还不够,要继续努力,赶上时代的脚步。

问:以你现在的水平,恐怕你能找到比我们单位更好的公司吧?

答:或许我能找到比咱们公司更好的单位。但是我认为咱们公司更重视人才培养,在咱们公司我能学到更多的东西,也有更大的发展空间。汽车修理并不只是一份养家糊口的职业,它更是一项值得我为之献身的事业。

问:今天就谈到这里吧,谢谢你。

答:谢谢各位老师。

(王明在众多面试者中脱颖而出,最后被该公司录取了。)

【案例二】

张琳的困惑

张琳毕业于天津一所名牌大学的中文专业,在校期间学习成绩优秀。她从小就爱好文学,喜欢阅读古今中外的文学名著,闲暇时还总爱写点散文、随笔什么的,所以她的文学功底是不错的。张琳不光在学业上一直是班级里的佼佼者,而且还担任过校报、校刊的编辑。在校期间,张琳就相继在一些文学期刊上发表过文章,虽然篇幅都不算长,但对于一名学生来讲,已经很不简单了。

毕业前夕,张琳到一家杂志社实习了3个月。她在那里做过校对工作,也参加过图书的编辑工作,由于有了这些经历,所以张琳对编辑工作比较熟悉。

眼看毕业在即,同学们都在为找工作而忙碌着,张琳心里也早已有了自己的打算。她准备去应聘一家知名公司的内部刊物编辑职位。对这次应聘,张琳胸有成竹。她想:

"以我的学识、学历和能力,应聘这个职位肯定不成问题。"

实际上,进这家知名公司当内部刊物编辑只是张琳对自己职业生涯的一个初步的规划,她心中还有一个职业生涯的远期规划,就是借助这家公司的知名度作为跳板,将来跳槽到其他著名的杂志社去。从内心讲,张琳认为凭自己的能力仅做个内部刊物编辑有些大材小用,到这家公司做内部刊物编辑只是权宜之计,是为日后的"跳槽"奠定基础。由于有了这些想法,她在接到公司的面试通知后,并没有对此进行过多的准备。

面试的日子到了。来到面试现场后,张琳才发现来应聘这个职位的人还真不少。仅从外表上看,就知道大家都是有备而来的,套装、略施粉黛、包装精致的个人资料……看来想取得胜利并不是一件轻而易举的事情。但是张琳还是十分自信的,她认为应聘拼的是实力,以自己的能力得到这份工作应该是十拿九稳的。轮到张琳面试了。考官先问了一些基本问题,例如,"你对公司的情况了解多少""对此职位如何看待",等等。这时候,张琳发现自己犯了个错误:她没有很好地了解这家公司的具体情况,仅仅知道一些大众都了解的简单的、表面的事务。对于公司的业务领域、企业文化、人员配置,特别是公司业务方面的问题,知之甚少。所以,当面试官问到有关公司的一些具体情况时,她的回答都显得很空泛、牵强。

从面试官的脸上,张琳已经察觉到了明显的不满意。其实,连她本人都对自己的回答很不满意。尽管后来她对有关编辑知识的问题答得很好,但是总体感觉并不是很好。

面试结束之前,工作人员还要求应聘者每人填写一张表格。上面都是关于"个人爱好""个人规划""你对公司发展有何设想"等问题,张琳觉得这样的问题很没意思,似乎不应该是这类知名公司要考察的问题,所以她并没有认真对待,有的问题连想也没想就迅速作答,提前交了卷。

最终结果,张琳没有被录取。她很不甘心,来到公司想问问原因,公司人力资源部的负责人很耐心地解答了她的问题。原来面试官们对张琳的业务素质、个人能力等方面还是相当肯定的,但却一致认为她比较浮躁,不会踏踏实实地安于本职工作。特别是通过面试时,他们发现张琳并不了解公司的情况,不懂得公司的专业技术知识,更不了解公司的企业文化。面试官都认为,一个不关心公司各方面发展的员工,是无法做到热爱企业、全心全意地为企业做贡献的,所以张琳不符合做一个内部刊物编辑的要求。

后来张琳了解到,公司最终选择的那个女孩子外形条件并不出众,但看起来很文静、踏实。在面试中,这个女孩子对考官所提问题的回答也并非尽善尽美,但是考官们却能从她的回答中感受到这个女孩子对公司,包括对公司很多细节问题的关注和用心。其实,就编辑的业务能力,她可能远远不如张琳,但这个女孩子之所以被录用是因为她态度十分谦和,知道自己并不十全十美,所以她会努力工作,而不会想入非非。相比之下,张琳虽然来自名校,业务能力强,但过于自负,考官们认为她不会安心于本职工作,不适合担任企业的内部刊物编辑。

【评析】

面试的主要目的是评估应聘者的技能和素质是否符合公司的工作要求。对于企业而言,专业知识、工作能力等参数是非常重要的选才标准,但应聘者的"态度"也十分重要。张琳面试失败的原因就在于她的求职心理和工作态度不符合招聘企业的要求。比如,她的最初求职动机导致对目标职位的轻视,进而在行为上表现为面试前准备工作的疏忽大意,面试过程的敷衍了事,缺乏严谨认真的态度,从而给考官留下不好的印象,最终被淘汰。

练一练

1. 联系自己的专业与实际情况,回答下列应聘时经常会遇到的问题,注意应聘的要求与技巧。

(1)请你介绍一下你自己。
(2)你为什么要来我们公司求职?
(3)说说你最大的优点是什么?
(4)说说你最大的缺点是什么?
(5)你对加班的看法是什么?
(6)你想要多少工资?

2. 在应聘时,当招聘者对你的成绩单上一门专业课成绩不满意时,你怎么说才能改变招聘者对你的看法?

3. 说一说面试有哪些基本礼仪。

应用文——求职信

(一)文体知识

求职信是指求职者向自己欲谋求职业的单位介绍自己的基本情况,提出供职请求的书信。它是一种私人对公并有求于公的信函。求职信的格式有一定的要求,内容要求简练、明确,切忌模糊、笼统、面面俱到。

(二)写作方法

求职信通常由标题、称呼、正文、结束语、落款五个部分组成。

1. 标题

标题可直接标明文种"求职信",首行居中位置。

2. 称呼

在标题下方换行顶格写收信单位的名称或个人姓名。称呼后要用冒号,表示下面有话要说。

求职信的称呼一般视具体情况而定,如用人单位明确,可以直接写上单位名称,前面用"尊敬的"加以修饰,后以领导职务或统称"领导"落笔;如单位不明确,则统称"尊敬的贵单位(公司或学校)领导"领起,一般不要直接冠以最高领导职务,这样容易引起第一读者的反感。

3. 正文

(1)问候语。写在称呼下一行,一定要空两格,用感叹号。一般写上"您好""近好"即可。如果收信方是某单位的话,可省略问候语。

(2)写明求职的原因与要申请的职位。首先简要介绍求职者的自然情况,如:姓名、年龄、性别等;然后要直截了当地说明从何渠道得到有关信息以及写此信的目的,如:"我叫张明,现年18岁,男,是一名汽车运用与维修专业的中专毕业生。我从报纸上看到贵公司招聘数名汽车维修人员的消息,故冒昧写信自荐,热切希望早日加入贵公司。"这段是正文的开端,也是求职的开始。介绍有关情况要简明扼要,对所求的职务,态度要明朗,而且要吸引受信者有兴趣将你的信读下去,因此开头要有吸引力。

(3)求职条件。这是求职信的主题内容,向求职单位介绍你掌握的知识和技能,说明自己能胜任本岗位工作。具体来说可介绍自己的学习经历和工作经历。学习经历主要介绍毕业学校、所学的专业课程及自己在校期间所获得的荣誉情况等,专业课程要与招聘单位的招聘岗位对口或接近。而工作经历要写明自己是否工作过,同时根据所求工作的要求,充分展示求职的条件,有特殊技能的要加以强调。此外,还可概括介绍自己在校期间曾经担任的职务、个人爱好、特长等。对于兴趣爱好的介绍只需局限在那些与目标职位有关的范围内。

(4)提出希望和要求。表达希望被录用的愿望,希望用人单位能给予回复等。常用的语言有"如蒙赐复,不胜感激!""若认为本人条件尚可,请惠予面试,本人将准时赴试",等等。

4. 敬语

出于礼节,信的最后往往写上简短的表示敬意、祝愿之类的祝词。常用的祝词有"此致敬礼""愿贵公司鹏程万里,事业发达",等等。

5. 落款

在结尾语右下方写上求职人姓名,可以用"敬上"或"谨呈"等词以示礼貌和谦逊。姓名下面写日期,成文日期要年、月、日俱全。

（三）注意事项

（1）求职信后应附上有关资料，如毕业证书、学位证书、职称证、身份证、获奖证书、学校的推荐信、个人履历表、发表的文章、科研成果等，并写清附件的名称和件数。

（2）言简意赅，切忌面面俱到。应在重点突出、内容完整的前提下，尽可能简明扼要，不要陷入无关紧要的说明中，并多用短句，每段只表达一个意思。因为专司招聘的工作人员工作量大，时间宝贵，不可能花太多时间仔细阅读冗长的简历。过于冗长，会招致招聘人员的反感。

（3）在落款处要写清回函的联系方式、邮政编码、详细地址、联系电话、电子邮箱等。

（四）写作范例

【例文一】

求 职 信

尊敬的××公司领导：

  您好！

  请恕打扰。我叫张明，现年18岁，男，是一名汽车运用与维修专业的中专毕业生。从报纸上我看到贵公司招聘数名汽车维修人员的消息，故冒昧写信自荐，热切希望早日加入贵公司。

  本人毕业于××中职学校汽车运用与维修专业，通过三年汽车专业知识的学习，我以优异的成绩完成了汽车运用与维修专业的全部课程，并连续两年获得汽车专业一等奖学金。同时我还努力学习计算机应用软件，能熟练操作各类办公软件，制作PPT。

  我曾利用寒暑假在华中汽车修理厂打工，工作期间吃苦耐劳。实习期间我在丰田4S店里做一名机修实习员，很好地完成本职工作，听从领导安排，保质保量完成工作，获得领导的一致好评。

  "老老实实做人，本本分分做事"是我的座右铭。我有良好的职业素质和职业操守，能承受较高的工作压力。也许在这个人才济济的社会中我不一定是最好的，但我会通过自己的努力，让自己不断完善，成为一名优秀的人才，为贵公司的事业贡献一份自己的力量。随函呈上个人简历、论文及获奖证书复印件等，敬请参考。希望各位领导能够对我予以考虑，我热切期盼着您的回音。如果有机会与您面谈，我将十分感谢。

  祝贵公司事业蒸蒸日上！

  此致

敬礼！

张明
2017年3月12日

【评析】

这是一篇求职用的自荐信,自荐理由充分,不含糊其辞,也不夸大事实,着重突出求职者与所应聘岗位相匹配的能力。

【例文二】

求 职 信

尊敬的领导:

您好!

非常感谢您在百忙中抽空审阅我的自荐信,给予我毛遂自荐的机会。我叫王伟,现就读于××铁路职业技术学院公路与桥梁工程专业,是一名应届毕业生。我已经完成该专业所有基础课与专业课学习,能够参加公路与桥梁工程方面的设计与施工。

在校期间,我始终积极向上、奋发进取。我所学习的课程包括测量放线、地基处理的基础知识,还有在公路桥梁设计与施工等方面的专业知识。通过这些知识的学习,我具备了良好的专业的素质,具有道路与桥梁工程现场的施工技术和工程管理能力。我曾担任过校学生会主席和团委书记等职。在工作上,我能做到认真负责,做事踏实,多次被评为"校级优秀学生干部""校级优秀团干",并被评为校级优秀毕业生。

在工作上,本人曾在××公路技师学院实验检测中心实习,对于组长交代的每件事情,我能做到勤勤恳恳、认真负责、精心组织,力求做到最好,获得了领导的赞赏。

沉甸甸的过去,正是为了单位未来的发展而蕴积。我的将来,正准备为贵公司辉煌的将来而贡献、拼搏!如蒙不弃,请惠予面试,本人将准时赴试。

愿贵公司事业蒸蒸日上,屡创佳绩,祝您的事业百尺竿头,更进一步!殷切盼望您的佳音,谢谢!

此致

敬礼!

王伟
2017 年 2 月 10 日

【评析】

这是一篇应届毕业生的自荐信,从自己的学习经历和工作经历介绍自己,表明自己具有与目标工作相关的良好的素质和综合能力。

 练一练

根据自己所学专业,写一封求职信。

 语文综合实践活动

求职应聘会

 活动目的与任务

1. 掌握企业岗位分析的相关知识、应聘的相关流程、方法和技巧。
2. 提高个人简历的写作能力、应聘的口语能力和应变能力。
3. 消除学生对面试与应聘的恐惧心理，培养学生面试与应聘的自信心，同时通过模拟体验，激发学生对本职业或专业的热爱情感。

活动流程

一、活动准备

案例导入，创设情境。

假设丰田4S店到学校招聘机械、汽车、焊接、数控专业实习生各5名，要求：男性身高165以上；无色盲色弱，身体健康，无传染性疾病，无酗酒、赌博等不良习惯；最低年龄要求：17周岁，年满18周岁优先。学生干部、成绩优异或有文体特长者优先，农村户口优先。

二、活动过程

以小组为单位，讨论并回答以下面试问题：

1. 请你谈谈你自己。
2. 你为什么认为自己有能力胜任这个工作？
3. 你有哪些特长？
4. 你有哪些不足？
5. 你的相关工作经验比较欠缺，你怎么看？

模拟面试场景，教师选派3~4名学生担任面试官。每组推荐代表进行陈述回答，注意仪态和表情，表达精准、流利，要求口齿清楚、无口头禅，发音标准，条理清晰；注重细节，如进门前敲门、见面问好、退场时表示感谢、摆好椅子、轻关门等。

三、成果展示

根据面试成果，评选出优秀面试人员若干。

参 考 文 献

[1] 俞恭庆.托起职业教育的明天[M].上海:上海交通大学出版社,2006.

[2] 倪文锦,欧阳汝颖.语文教育展望[M].上海:华东师范大学出版社,2002.

[3] 张金英.应用文写作基础[M].北京:高等教育出版社,2008.

[4] 张宝全.党政机关公文处理工作条例释义与实务全书[M].北京:人民出版社,2012.

[5] 马永飞,倪文锦,于黔勋.语文(职业模块 工科类)[M].北京:高等教育出版社,2012.

[6] 施也频.实用语文[M].上海:华东师范大学出版社,2000.

[7] 童天,刘跃雄.应聘成功(求职典型案例评析)[M].北京:知识出版社,2008.